中华人民共和国
建筑法

注释本

法律出版社法规中心 编

法律出版社
LAW PRESS CHINA
·北京·

图书在版编目（CIP）数据

中华人民共和国建筑法注释本／法律出版社法规中心编. -- 3版. -- 北京：法律出版社, 2025. -- （法律单行本注释本系列）. -- ISBN 978-7-5197-9727-0

Ⅰ.D922.297.5

中国国家版本馆CIP数据核字第2024CT8859号

| 中华人民共和国建筑法注释本 ZHONGHUA RENMIN GONGHEGUO JIANZHUFA ZHUSHIBEN | 法律出版社法规中心 编 | 责任编辑 李 群 陈 熙 装帧设计 李 瞻 |

出版发行 法律出版社	开本 850毫米×1168毫米 1/32
编辑统筹 法规出版分社	印张 7.625　字数 220千
责任校对 张红蕊	版本 2025年1月第3版
责任印制 耿润瑜	印次 2025年1月第1次印刷
经　　销 新华书店	印刷 固安华明印业有限公司

地址：北京市丰台区莲花池西里7号（100073）
网址：www.lawpress.com.cn　　　　　销售电话：010-83938349
投稿邮箱：info@lawpress.com.cn　　　客服电话：010-83938350
举报盗版邮箱：jbwq@lawpress.com.cn　咨询电话：010-63939796
版权所有·侵权必究

书号：ISBN 978-7-5197-9727-0　　　　定价：26.00元
凡购买本社图书，如有印装错误，我社负责退换。电话：010-83938349

编辑出版说明

现代社会是法治社会,社会发展离不开法治护航,百姓福祉少不了法律保障。遇到问题依法解决,已经成为人们处理矛盾、解决纠纷的不二之选。然而,面对纷繁复杂的法律问题,如何精准、高效地找到法律依据,如何完整、准确地理解和运用法律,日益成为人们"学法、用法"的关键所在。

为了帮助读者快速准确地掌握"学法、用法"的本领,我社开创性地推出了"法律单行本注释本系列"丛书,至今已十余年。本丛书历经多次修订完善,现已出版近百个品种,涵盖了社会生活的重要领域,已经成为广大读者学习法律、应用法律之必选图书。

本丛书具有以下特点:

1. 出版机构权威。成立于1954年的法律出版社,是全国首家法律专业出版机构,始终秉承"为人民传播法律"的宗旨,完整记录了中国法治建设发展的全过程,享有"社会科学类全国一级出版社"等荣誉称号,入选"全国百佳图书出版单位"。

2. 编写人员专业。本丛书皆由相关法律领域内的专业人士编写,确保图书内容始终紧跟法治进程,反映最新立法动态,体现条文本义内涵。

3. 法律文本标准。作为专业的法律出版机构,多年来,我社始终使用全国人民代表大会常务委员会公报刊登的法律文本,积淀了丰富的标准法律文本资源,并根据立法进度及时更新相关内容。

4. 条文注解精准。本丛书以立法机关的解读为蓝本,给每个条文提炼出条文主旨,并对重点条文进行注释,使读者能精准掌握立法意图,轻松理解条文内容。

5. 配套附录实用。书末"附录"部分收录的均为重要的相关法律、法规和司法解释,使读者在使用中更为便捷,使全书更为实用。

需要说明的是,本丛书中"适用提要""条文主旨""条文注释"等内容皆是编者为方便读者阅读、理解而编写,不同于国家正式通过、颁布的法律文本,不具有法律效力。本丛书不足之处,恳请读者批评指正。

我们用心打磨本丛书,以期待为法律相关专业的学生释法解疑,致力于为每个公民的合法权益撑起法律的保护伞。

法律出版社法规中心

2024 年 12 月

目 录

《中华人民共和国建筑法》适用提要 ………………… 1

中华人民共和国建筑法

第一章 总则 ………………………………………… 5
  第一条 立法目的 ………………………………… 5
  第二条 适用范围 ………………………………… 7
  第三条 建筑活动要求 …………………………… 9
  第四条 国家扶持 ………………………………… 10
  第五条 建筑活动守法原则 ……………………… 10
  第六条 管理体制 ………………………………… 11
第二章 建筑许可 …………………………………… 13
  第一节 建筑工程施工许可 ……………………… 13
  第七条 许可证的领取 …………………………… 13
  第八条 申领条件 ………………………………… 14
  第九条 有效期限 ………………………………… 18
  第十条 施工中止、恢复 ………………………… 18
  第十一条 不能按期开工、中止施工的报告制度 …… 19
  第二节 从业资格 ………………………………… 20
  第十二条 从业条件 ……………………………… 20
  第十三条 资质等级 ……………………………… 22
  第十四条 执业资格的取得 ……………………… 23

第三章 建筑工程发包与承包 ……………………………… 25
第一节 一般规定 ……………………………………… 25
第十五条 承包合同……………………………… 25
第十六条 招标投标活动原则…………………… 27
第十七条 禁止行贿、受贿……………………… 30
第十八条 工程造价与支付……………………… 31
第二节 发包 …………………………………………… 36
第十九条 发包方式……………………………… 36
第二十条 公开招标的程序……………………… 39
第二十一条 招标的组织和监督………………… 41
第二十二条 确定承包单位……………………… 42
第二十三条 禁止限定发包……………………… 43
第二十四条 禁止肢解发包……………………… 43
第二十五条 禁止指定采购……………………… 45
第三节 承包 …………………………………………… 47
第二十六条 资质等级许可……………………… 47
第二十七条 共同承包…………………………… 49
第二十八条 禁止转包…………………………… 50
第二十九条 建筑工程分包……………………… 51

第四章 建筑工程监理 ……………………………………… 53
第三十条 工程监理……………………………… 53
第三十一条 监理合同…………………………… 55
第三十二条 监理监督…………………………… 56
第三十三条 监理事项通知……………………… 57
第三十四条 监理规范…………………………… 58
第三十五条 法律责任…………………………… 60

第五章 建筑安全生产管理 ………………………………… 61
第三十六条 管理方针、基本制度……………… 61

第三十七条　设计规范…………………………… 63
　第三十八条　安全技术措施……………………… 64
　第三十九条　现场安全防护……………………… 65
　第四十条　地下管线保护………………………… 66
　第四十一条　污染防治…………………………… 67
　第四十二条　审批事项…………………………… 68
　第四十三条　安全管理…………………………… 70
　第四十四条　企业安全责任……………………… 71
　第四十五条　现场安全责任……………………… 73
　第四十六条　安全生产教育培训………………… 73
　第四十七条　安全施工的权利和义务…………… 74
　第四十八条　工伤保险和意外伤害保险………… 76
　第四十九条　变动设计方案……………………… 76
　第五十条　房屋拆除安全………………………… 77
　第五十一条　施工事故处理……………………… 78
第六章　建筑工程质量管理………………………… 79
　第五十二条　建筑工程安全标准………………… 79
　第五十三条　质量体系认证……………………… 80
　第五十四条　建设单位质量责任………………… 81
　第五十五条　承包单位质量责任………………… 82
　第五十六条　勘察、设计单位质量责任………… 82
　第五十七条　设计单位行为限制………………… 84
　第五十八条　施工单位质量责任………………… 84
　第五十九条　材料、构配件和设备的检验……… 85
　第六十条　工程质量要求………………………… 86
　第六十一条　竣工验收…………………………… 87
　第六十二条　质量保修…………………………… 88
　第六十三条　群众监督…………………………… 90

第七章 法律责任 ································· 91
　第六十四条　擅自施工的处罚 ··················· 91
　第六十五条　非法发包、承揽的处罚 ············· 92
　第六十六条　非法转让工程责任 ················· 94
　第六十七条　转包、非法分包责任 ··············· 96
　第六十八条　索贿、受贿、行贿责任 ············· 97
　第六十九条　非法监理责任 ····················· 99
　第七十条　擅自变动施工责任 ··················· 100
　第七十一条　安全事故责任 ····················· 101
　第七十二条　降低质量责任 ····················· 102
　第七十三条　非法设计责任 ····················· 103
　第七十四条　非法施工责任 ····················· 105
　第七十五条　违反保修义务责任 ················· 106
　第七十六条　处罚机关 ························· 107
　第七十七条　非法颁证责任 ····················· 109
　第七十八条　限定发包责任 ····················· 110
　第七十九条　非法颁证、验收责任 ··············· 111
　第八十条　损害赔偿 ··························· 112
第八章 附则 ······································ 113
　第八十一条　适用范围补充 ····················· 113
　第八十二条　禁止乱收费 ······················· 113
　第八十三条　适用范围特别规定 ················· 114
　第八十四条　军用建筑 ························· 115
　第八十五条　施行日期 ························· 115

附　　录

一、建筑许可
建筑业企业资质管理规定(2018.12.22 修正) ········ 116

建设工程勘察设计资质管理规定(2018.12.22修正) ……… 125
工程监理企业资质管理规定(2018.12.22修正) …………… 134
建筑工程施工许可管理办法(2021.3.30修正) …………… 143

二、发包与承包
中华人民共和国民法典(节录)(2020.5.28) …………… 147
最高人民法院关于审理建设工程施工合同纠纷案件适用法
律问题的解释(一)(2020.12.29) …………… 150
建筑工程施工发包与承包违法行为认定查处管理办法
(2019.1.3) …………………………………………… 157
建设工程价款结算暂行办法(2004.10.20) …………… 162
工程建设项目施工招标投标办法(2013.3.11修正) ……… 171

三、工程监理
建设工程监理范围和规模标准规定(2001.1.17) …………… 188

四、安全生产管理
建设工程安全生产管理条例(2003.11.24) …………… 190

五、工程质量管理
建设工程质量管理条例(2019.4.23修订) …………… 204
建设工程勘察设计管理条例(2017.10.7修订) …………… 216
房屋建筑工程质量保修办法(2000.6.30) …………… 223

六、环境保护
建设项目环境保护管理条例(2017.7.16修订) …………… 225

《中华人民共和国建筑法》
适用提要

  建筑业是国民经济的支柱产业之一。改革开放以来，随着国民经济的快速发展，我国的城市建设、村镇建设、住宅建设等的规模不断扩大，建筑业在国民经济和社会发展中的地位和作用越来越重要。建筑业在完成大量建设任务、保障经济发展和改善人民居住条件的同时，由于受传统计划经济的影响，又缺乏相应的法律规范，也出现了一些亟待解决的问题：建筑市场中旧的经济秩序打破后，新的经济秩序尚未完全建立起来，以致造成某些混乱现象，如参与建筑活动的主体的行为不规范，发包方不按规定程序办事、不报建、不招标或者在招标中压级压价，甚至肢解工程发包，承包方层层转包、非法"挂靠"、无证照或者超越资质证书许可范围承包工程等，不仅扰乱了建筑市场秩序，还诱发一些收受贿赂的不法行为；建设工程质量事故不断发生，以及长期以来存在的渗、漏、堵、空、裂等工程质量问题，严重侵害了用户的合法权益，在社会上也造成了不良影响；建筑安全生产事故多发，每年施工死亡人数在全国仅次于矿山，居第二位。为了解决建筑活动中出现的严重问题，加强对建筑活动的监督管理，维护建筑市场秩序，保证建设工程的质量和安全，保护建筑活动当事人的合法权益，促进我国建筑业健康、有序地发展，迫切需要制定建筑法。为解决以上问题，1997年11月1日第八届全国人民代表大会常务委员会第二十八次会议审议通过了《建筑法》①,并于1998年3月1日起正式施行。

《建筑法》共8章85条,以规范建筑市场行为为起点,以建设工程质量和安全为主线,主要对以下问题作了规定:

(一)调整范围

《建筑法》规定,在中华人民共和国境内从事建筑活动,实施对建筑活动的监督管理,应当遵守本法。本法所称建筑活动,是指各类房屋建筑及其附属设施的建造和与其配套的线路、管道、设备的安装活动。《建筑法》旨在规范建筑市场,突出建筑的安全、质量这个重点,既有利于解决目前建筑活动中存在的突出问题,又可妥善处理与相关法律的关系。同时,考虑到几种建筑活动的特殊性,《建筑法》又规定,本法关于施工许可、建筑施工企业资质审查和建筑工程发包、承包、禁止转包,以及建筑工程监理、建筑工程安全和质量管理的规定,适用于其他专业建筑工程的建筑活动,具体办法由国务院规定。抢险救灾及其他临时性房屋建筑和农民自建低层住宅的建筑活动,不适用本法。军用房屋建筑工程建筑活动的具体管理办法,由国务院、中央军事委员会依据本法制定。

(二)建筑许可

实行建筑许可制度,旨在有效地保障建设工程质量和安全。实践证明,实行施工许可,既可以监督建设单位尽快建成拟建项目,防止闲置土地,影响公众利益,又能保证建设项目开工后能够顺利进行,避免由于不具备条件盲目上马,给参与建设的各方造成不必要的损失。同时,也有助于建设行政主管部门对在建项目实施有效的监督管理。此外,实行从业者许可,有利于确保从事建筑活动的单位和人员的素质,提高建设工程的质量。为此,《建筑法》设专章规定了建筑许可制度,包括建设工程施工许可和从业

---

① 为便于阅读,本书中的法律规范性文件均使用简称。

者许可,明确规定了建设工程施工许可的条件以及从事建筑活动的单位的资质审查制度和有关人员的资格审查制度等。

(三)建设工程发包与承包

在经济转轨过程中,建筑市场尚不规范,建设工程发包与承包中至今仍存在不少混乱现象,如有的发包单位或其工作人员将本应由一家或者少数几家承包即可完成的建设工程人为地肢解发包,不顾工程质量,以获取不正当利益;有的承包单位将承包的工程层层转包,谋取暴利;有的低资质或者无资质证书的承包单位通过"挂靠",承包超出自己施工能力的建设工程。这些问题,扰乱了建筑市场的正常秩序,严重影响了建设工程的质量,提高了建设工程造价。为解决上述问题,必须严格实行建设工程发包与承包制度。为此,《建筑法》规定了建设工程发包与承包应当遵循的基本原则及行为规范,如实行招标发包和直接发包的范围;不得违法肢解发包;总包单位分包时须经建设单位认可;禁止承包单位将其承包的工程转包给他人;招标方不得与任何投标方相互勾结,妨碍其他投标方的公平竞争;投标方不得串通投标,故意抬高或者压低标价,等等。

(四)建设工程监理

建设工程监理是我国建筑领域中管理体制改革的重大举措之一。建设工程监理制度早已是国际上通行的做法。我国的实践证明,实行建设工程监理制度,对保证建设工程质量和建筑安全生产具有重要的意义和作用。因此,《建筑法》在总结实践经验的基础上,借鉴国际上的通行做法,对推行建设工程监理制度作了规定,明确了工程监理单位的资质审查、建设工程监理的任务及应当实行建设工程监理的范围和原则等。

(五)建设工程质量和安全

确保建设工程质量和安全,是本法的核心内容。目前,建设工程质量和安全存在不少问题,社会反映强烈,必须采取有效措施,从根本上加以解决。建设工程质量和安全贯穿建筑活动的全过程，只有进行全过程的监督管理，质量和安全才有保证。建设工程安全既包括建筑产品自身安全，也包括其毗邻建筑物的安全，还包括施工人员人身安全和施工安全。建设工程的质量最终是通过建筑物的安全和使用情况来体现的。因此，《建筑法》在建筑活动的各个阶段、各个环节中，都紧扣建设工程的质量和安全加以规范，规定了建筑活动各有关方面在保证建设工程质量和安全中的责任。

《建筑法》是规范建筑活动的主要法律规则，此外，《民法典》合同编对建设工程合同作了规定，《招标投标法》对建筑工程招标投标程序作了规定，《城市房地产管理法》《土地管理法》《安全生产法》《刑法》等法律法规也涉及建筑活动的相关法律规则。对于这些法律法规，也应有所了解。

中华人民共和国建筑法

(1997年11月1日第八届全国人民代表大会常务委员会第二十八次会议通过 根据2011年4月22日第十一届全国人民代表大会常务委员会第二十次会议《关于修改〈中华人民共和国建筑法〉的决定》第一次修正 根据2019年4月23日第十三届全国人民代表大会常务委员会第十次会议《关于修改〈中华人民共和国建筑法〉等八部法律的决定》第二次修正)

第一章 总 则

第一条 【立法目的】[①]为了加强对建筑活动的监督管理,维护建筑市场秩序,保证建筑工程的质量和安全,促进建筑业健康发展,制定本法。

条文注释[②]

本法的立法目的包括以下四个方面:

(一)加强对建筑活动的监督管理

随着建筑行业的不断发展壮大,规范建筑市场竞争秩序,培育建筑市场的良好竞争环境,建立和完善建筑业的监督管理已成为一项重要的立法任务。建筑业存在从业者人员构成复杂、流动性强、

[①][②] 条文主旨和条文注释为编者所加,下同。

专业业务素质不高,工程技术力量不足,挂靠现象普遍,工程款拖欠严重,工程质量不高,劳资纠纷较多等一系列问题,亟须在立法中加以规范和调整。本法的立法目的在于加强对建筑行业的监督管理,使之规范化、法治化、市场化,从而为整个行业的健康发展提供健全的法律制度保障。

(二)维护建筑市场秩序

维护建筑市场秩序,需要在立法上对建筑市场作出全面深入的规范。一是对建筑市场主体进行规范。建筑市场的主体包括建筑工程项目的建设单位或称业主(发包方)和从事建筑工程的勘察、设计、施工、监理等业务活动的主体以及有关中介机构。在立法上对市场主体的资质作出严格规定,进一步完善建筑市场主体考核管理机制,全面提高标准化管理水平。二是对建筑市场交易秩序进行规范。建筑市场交易活动,是对市场主体的建筑工程项目承发包等交易行为的统称,其客体是建筑工程项目的勘察、设计、施工等建筑活动的工作成果或者工程监理服务。健康有序的市场竞争秩序,是行业发展的重要基石。本法主要从以下三个方面维护建筑市场秩序:(1)规范建筑市场主体。健全建筑市场主体的准入制度,本法第2章第2节"从业资格"专门对从事建筑活动的建筑施工企业、勘察单位、设计单位和工程监理单位应当具备的基本条件、资质等级作出了详细的规定。同时,本法要求从事建筑活动的专业技术人员必须具备相应执业资格;禁止任何未依法取得建筑业资质证书的单位或者个人从事建筑活动,否则将追究其相应的法律责任。(2)确立市场竞争规则。本法第3章对建筑工程发包与承包活动进行规范;第4章对建筑工程监理进行规范。建筑工程发包与承包的招标投标活动,应当遵循公开、公正、平等竞争的原则,择优选择承包单位。(3)完善市场交易规则。根据本法规定,建筑工程的发包方与承包方应当依法订立书面合同,明确双方的权利义务;建筑工程的造价由发包方与承包方在合同中依法约定;发包单位不得违法指定承包单位购入用于工程的建筑材料、建筑构配件和设备或者指定生产厂、供应商。

(三)保证建筑工程的质量和安全

建筑工程质量直接关系到人民群众的生命和财产安全。尤其是重要的公共建筑设施的质量安全问题更是关系到公共安全问题。一旦发生质量安全事故，可能会造成惨重的人员伤亡和不可估量的财产损失。"百年大计，质量为本"，建筑工程具有使用期限长、造价高昂、质量问题隐蔽、发现和修复问题困难等特征。建筑立法必须以保证建筑工程的质量和安全为本位，将保证建筑工程的质量和安全作为立法目的和立法原则。

(四)促进建筑业的健康发展

法律制度的目的就是为人类社会活动提供规范。经济基础决定上层建筑，因此法律制度必须为经济社会的健康、持续发展提供有效的制度保障。衡量建筑立法成功与否的重要标准之一，就是其是否能够促进建筑业的健康发展，为我国社会主义市场经济建设服务，推动生产力的更大进步。促进建筑业的"健康发展"，不仅要兼顾发展速度和经济效益两个方面，还要确保建筑业的工程质量和安全。

> **第二条 【适用范围】** 在中华人民共和国境内从事建筑活动，实施对建筑活动的监督管理，应当遵守本法。
>
> 本法所称建筑活动，是指各类房屋建筑及其附属设施的建造和与其配套的线路、管道、设备的安装活动。

条文注释

(一)本法适用的地域范围

本法适用的地域范围(空间效力范围)，是中华人民共和国境内，即中华人民共和国主权所及的全部领域内(包括领土、领海和领空)。

根据关于法律空间效力范围的普遍原则，法律适用于制定它的机关所管辖的全部领域。本法于1997年11月1日由第八届全国人民代表大会常务委员会第二十八次会议审议通过，于2011年4月22

日由第十一届全国人民代表大会常务委员会第二十次会议第一次修正,于2019年4月23日由第十三届全国人民代表大会常务委员会第十次会议第二次修正。全国人民代表大会常务委员会是我国最高权力机关全国人民代表大会的常设机构。本法属于狭义的法律范畴,即由全国人大或其常委会制定、颁布的规范性法律文件,故其适用的空间范围当然及于中华人民共和国的全部领域。另外,根据《香港特别行政区基本法》《澳门特别行政区基本法》的规定,只有列入这两个基本法附件三的全国性法律,才能在这两个特别行政区适用。因此,本法并不适用于我国香港特别行政区和澳门特别行政区。

(二)本法对人的适用范围

本法对人的适用范围,是一切从事建筑活动的主体(自然人、法人以及其他组织)和各级依法对建筑活动实施监督管理的政府机关。

建筑活动是指各类房屋建筑及其附属设施的建造和与其配套的线路、管道、设备的安装活动。"房屋建筑"是指具有顶盖、梁柱和墙壁,供人们生产、生活等使用的建筑物,包括民用住宅、厂房、仓库、办公楼、影剧院、体育馆、学校校舍等各类房屋。"附属设施"是指与房屋建筑配套建造的围墙、水塔等附属的建筑设施。本条中规定的"与其配套的线路、管道、设备的安装活动",是指与建筑配套的电气、通信、煤气、供水、排水、空气调节、电梯、消防等线路、管道和设备的安装活动。需要注意的是,广义的建筑活动包括各种土木工程的建造活动及有关设施、设备的安装活动,既包括各类房屋建筑的建造活动,也包括铁路、公路、机场、港口、矿井、水库、通信线路等专业建筑工程的建造活动及其设备的安装活动。本法仅适用于包括民用住宅、工业用房和作为公共活动场所的房屋建筑在内的各类房屋建筑及其附属设施的建造活动,以及与其配套的线路、管道、设备的安装活动。至于铁路、公路、机场、港口、矿井、水库、通信线路等各项专业建筑工程的建筑活动,可以依照本法规定的有关原则,根据各专业建筑活动的特点,由国务院另行制定具体的适用办法。

具体而言,本法的适用范围包括自然人、法人和其他组织实施的建筑活动以及政府机关实施的对建筑活动的监督管理行为。

(1)本法对建筑活动进行规范。一切从事本法所称的建筑活动的主体,包括从事建筑工程的勘察、设计、施工、监理等活动的自然人、法人或者其他组织,无论其经济性质如何、规模大小,都应遵守本法的各项规定,否则将被依法追究相应的法律责任。

(2)本法对政府机关实施的对建筑活动的监督管理行为进行规范。对建筑活动依法实施监督管理的各级政府机关,包括建设行政主管部门和其他有关主管部门,都应当遵守本法的规定。中华人民共和国住房和城乡建设部与地方各级住房和城乡建设行政主管部门是建筑活动的主要行政监督管理部门。此外,规划部门、国土资源管理部门、安全生产监督管理部门、环境资源保护部门等均对建筑活动依照不同法律法规进行监督管理。

第三条 【建筑活动要求】建筑活动应当确保建筑工程质量和安全,符合国家的建筑工程安全标准。

条文注释

确保工程质量和安全是本法的一项基本原则,是一切建筑活动必须严格遵守的基本要求。建筑工程质量和安全关系到人民群众的生命财产安全,做好建筑工程质量安全工作,不仅是一项重要的经济工作,而且是一项重要的政治工作。确保工程质量和安全作为本法的一项基本原则,具有重要意义。

确保建筑工程质量和安全,需要从以下几个方面入手:首先,建筑施工的主体必须符合法定的资质条件。《建筑业企业资质管理规定》和《建筑业企业资质管理规定和资质标准实施意见》均对建筑企业的资质作出了详细的规定。其次,建筑施工过程必须符合法定的要求。《安全生产法》对包括建筑施工单位在内的生产经营单位的生产施工安全作出了一系列具体规定。最后,建筑工程质量必须符合法定的标准。《建设工程质量管理条例》对施工单位的质量责任和义务等作出了具体规定。

依照本法和《标准化法》的规定,凡是依法制定的有关建筑工程安全的国家标准和行业标准,包括列入国家标准或行业标准的有关建筑工程安全的勘察、设计、施工、验收的技术规范、技术要求和方法,都属于强制性标准。建筑设计单位或者施工企业在工程设计或施工作业中,不得违反有关建筑工程安全的国家标准和行业标准的规定,降低工程质量;建筑工程的勘察、设计单位和施工企业,必须按照有关建筑工程安全的国家或行业标准进行勘察、设计和施工;建筑工程监理单位也必须按照安全标准进行工程监理。

第四条 【国家扶持】国家扶持建筑业的发展,支持建筑科学技术研究,提高房屋建筑设计水平,鼓励节约能源和保护环境,提倡采用先进技术、先进设备、先进工艺、新型建筑材料和现代管理方式。

第五条 【建筑活动守法原则】从事建筑活动应当遵守法律、法规,不得损害社会公共利益和他人的合法权益。

任何单位和个人都不得妨碍和阻挠依法进行的建筑活动。

条文注释

任何从事建筑活动的主体都必须遵守国家的法律、法规,尊重社会公共利益和他人的合法权益。遵守法律、法规,不得损害社会公共利益和他人的合法权益,既是本法的一项基本原则,也是建筑从业主体必须履行的义务。从事建筑活动的主体极为广泛,包括勘察设计、建筑工程监理、建筑施工等各个环节的不同主体。这些建筑从业主体遵守的法律、法规,属于广义上的法律,既包括本法以及《民法典》等全国人大及其常委会制定颁布的基本法律,也包括国务院制定颁布的行政法规、各个部委制定颁布的部门规章,以及地方立法机关及政府制定的地方性法规和地方政府规章。我国《民法典》规定了保护社会公共利益和他人合法权益原则,这是法律对社会主体的一项基本约束,是行使任何权利都不能逾越的界限。从事建筑活动,既不能违反法律法规的强制性规定,也不能损害社会公共利益,扰乱社会公共秩序或者侵害他人的合法权益。

依法进行的建筑活动受法律保护,这一原则要求所有单位和个人尊重和维护建筑从业主体实施的合法建筑活动。实施建筑活动的主体在合法权益受到侵害时,可以根据相关法律法规得到依法保护和救济。建筑行政主管部门以及司法机关都应当依法严厉打击破坏建筑施工的行为,严厉禁止对建筑企业乱收费、乱摊派等不良现象。

第六条 【管理体制】国务院建设行政主管部门对全国的建筑活动实施统一监督管理。

条文注释

目前,对全国建筑活动实施统一监督管理的机关是国务院建设行政主管部门,即中华人民共和国住房和城乡建设部。1979年3月12日,国务院发出通知,经中共中央批准成立国家城市建设总局,直属国务院。1982年5月,国家城市建设总局、国家建筑工程总局、国家测绘总局、国家基本建设委员会的部分机构和国务院环境保护领导小组办公室合并,成立了城乡建设环境保护部。1988年4月通过的《第七届全国人民代表大会第一次会议关于国务院机构改革方案的决定》撤销城乡建设环境保护部,设立建设部。根据2008年3月15日通过的《第十一届全国人民代表大会第一次会议关于国务院机构改革方案的决定》,组建住房和城乡建设部,不再保留建设部。

住房和城乡建设部依据法律、行政法规规定的职权和责任对建筑活动实施监督和管理行为。根据《住房和城乡建设部主要职责内设机构和人员编制规定》的规定,住房和城乡建设部对建筑活动实施监督管理的主要职责包括:(1)承担规范住房和城乡建设管理秩序的责任。起草住房和城乡建设的法律法规草案,制定部门规章。

(2)承担建立科学规范的工程建设标准体系的责任。组织制定工程建设实施阶段的国家标准,制定和发布工程建设全国统一定额和行业标准,拟订建设项目可行性研究评价方法、经济参数、建设标准和工程造价的管理制度,拟订公共服务设施(不含通信设施)建设标准并监督执行,指导监督各类工程建设标准定额的实施和工程造价计价,组织发布工程造价信息。(3)监督管理建筑市场、规范市场各方主体行为。指导全国建筑活动,组织实施房屋和市政工程项目招投标活动的监督执法,拟订勘察设计、施工、建设监理的法规和规章并监督和指导实施,拟订工程建设、建筑业、勘察设计的行业发展战略、中长期规划、改革方案、产业政策、规章制度并监督执行,拟订规范建筑市场各方主体行为的规章制度并监督执行,组织协调建筑企业参与国际工程承包、建筑劳务合作。(4)研究拟订城市建设的政策、规划并指导实施,指导城市市政公用设施建设、安全和应急管理,拟订全国风景名胜区的发展规划、政策并指导实施,负责国家级风景名胜区的审查报批和监督管理,组织审核世界自然遗产的申报,会同文物等有关主管部门审核世界自然与文化双重遗产的申报,会同文物主管部门负责历史文化名城(镇、村)的保护和监督管理工作。(5)承担规范村镇建设、指导全国村镇建设的责任。拟订村庄和小城镇建设政策并指导实施,指导村镇规划编制、农村住房建设和安全及危房改造,指导小城镇和村庄人居生态环境的改善工作,指导全国重点镇的建设。(6)承担建筑工程质量安全监管的责任。拟订建筑工程质量、建筑安全生产和竣工验收备案的政策、规章制度并监督执行,组织或参与工程重大质量、安全事故的调查处理,拟订建筑业、工程勘察设计咨询业的技术政策并指导实施。(7)承担推进建筑节能、城镇减排的责任。会同有关部门拟订建筑节能的政策、规划并监督实施,组织实施重大建筑节能项目,推进城镇减排。(8)开展住房和城乡建设方面的国际交流与合作。

第二章 建筑许可

第一节 建筑工程施工许可

> **第七条 【许可证的领取】**建筑工程开工前,建设单位应当按照国家有关规定向工程所在地县级以上人民政府建设行政主管部门申请领取施工许可证;但是,国务院建设行政主管部门确定的限额以下的小型工程除外。
>
> 按照国务院规定的权限和程序批准开工报告的建筑工程,不再领取施工许可证。

条文注释

施工许可证,是指建筑工程开工之前,建设单位向建筑行政主管部门申请领取的批准施工的文件,是建设单位进行工程施工的法律凭证。建筑工程施工许可证制度,通过对建筑工程施工应当具备的基本条件进行严格审查,来避免建筑工程不当开工造成人员伤亡及社会财富的巨大损失,避免造成环境破坏和资源浪费。

(一)建筑工程施工许可证的申请程序

建设单位在建筑工程开工之前,对按本条规定需要领取施工许可证的建筑工程,填写相关表格,提供规定的材料,按照规定的方式向工程所在地县级以上建设行政主管部门申请领取施工许可证。申请领取施工许可证,应当按照下列程序进行:(1)建设单位向发证机关领取《建筑工程施工许可证申请表》。发证机关是指工程所在地的县级以上各级人民政府的建设行政主管部门。(2)建设单位持加盖本单位及法定代表人印鉴的《建筑工程施工许可证申请表》,以及建筑工程符合法定条件的相关证明文件,向发证机关提出申请。(3)发证机关在收到建设单位报送的《建筑工程施工许可证申请表》

和相关证明文件后,对于符合条件的,应当自收到申请之日起7日内颁发施工许可证;对于证明文件不齐全或者失效的,应当要求建设单位限期补正,审批时间可以自证明文件补正齐全后作相应顺延;对于不符合条件的,应当自收到申请之日起7日内书面通知建设单位,并说明理由。此外,在建筑工程施工过程中,建设单位或者施工单位发生变更的,必须重新申请领取施工许可证。

(二)建筑工程施工许可证的申请范围

在中华人民共和国境内从事各类房屋建筑及其附属设施的建造、装修装饰工作和与其配套的线路、管道、设备的安装工作,以及城镇市政基础设施工程的施工的,建设单位应当在开工前向工程所在地的县级以上人民政府建设行政主管部门(发证机关)申请领取施工许可证。建筑工程符合以下两类情形的,不需要领取施工许可证:(1)国务院建设行政主管部门确定的限额以下的小型工程。"限额以下的小型工程",是指工程投资额在30万元以下或者建筑面积在300平方米以下的建筑工程。省、自治区、直辖市人民政府建设行政主管部门可以根据当地的实际情况,对限额进行调整,并报国务院建设行政主管部门备案。(2)按照国务院规定的权限和程序批准开工报告的建筑工程。开工报告是建设单位依照国家相关规定向计划行政主管部门提交的申请准予开工的文件。由于开工报告与施工许可证的审批条件大多一致,为了避免重复审批,减少不必要的行政审批环节,开工报告被批准的建筑工程无须再领取施工许可证。

关联法规

《建筑工程施工许可管理办法》第2、5条

第八条 【申领条件】申请领取施工许可证,应当具备下列条件:

(一)已经办理该建筑工程用地批准手续;

(二)依法应当办理建设工程规划许可证的,已经取得建设工程规划许可证；
(三)需要拆迁的,其拆迁进度符合施工要求；
(四)已经确定建筑施工企业；
(五)有满足施工需要的资金安排、施工图纸及技术资料；
(六)有保证工程质量和安全的具体措施。
建设行政主管部门应当自收到申请之日起七日内,对符合条件的申请颁发施工许可证。

条文注释

根据本条规定,申请领取施工许可证应当具备以下几个条件：
(一)已经办理该建筑工程用地批准手续
建设单位需要使用国有土地的,可以通过两种方式取得建筑工程用地使用权——出让和划拨。
(二)依法应当办理建设工程规划许可证的,已经取得建设工程规划许可证
在城市、镇规划区内进行建筑物、构筑物、道路、管线和其他工程建设的,建设单位或者个人应当向城市、县人民政府城乡规划主管部门或者省、自治区、直辖市人民政府确定的镇人民政府申请办理建设工程规划许可证。申请办理建设工程规划许可证,应当提交使用土地的有关证明文件、建设工程设计方案等材料。需要建设单位编制修建性详细规划的建设项目,还应当提交修建性详细规划。对符合控制性详细规划和规划条件的,由城市、县人民政府城乡规划主管部门或者省、自治区、直辖市人民政府确定的镇人民政府核发建设工程规划许可证。
(三)需要拆迁的,其拆迁进度符合施工要求
根据2011年1月21日起实施的《国有土地上房屋征收与补偿条例》,为了保障国家安全、促进国民经济和社会发展等公共利益,需要征收房屋的,由市、县级人民政府作出房屋征收决定。房屋征收部门拟定征收补偿方案,报市、县级人民政府。市、县级人民政府

应当组织有关部门对征收补偿方案进行论证并予以公布,征求公众意见。

拆迁是指为了新建工程的需要,将该建筑工程区域内的原有建筑物、构筑物及其他附着物拆除和迁移。需要先进行拆迁的建筑工程,其前期的拆迁进度,必然会影响到新建工程的施工进度。确保拆迁的进度符合新建工程开工的时间要求,可以有效地避免资源和时间的浪费,提高建筑工程施工的效率。

(四)已经确定建筑施工企业

建筑工程的施工必须由具备相应合法资质的建筑施工企业进行。建筑施工企业的资质,是企业员工素质、专业技术能力、管理水平、技术装备、建设资金实力等各方面综合条件的体现。建筑施工企业的资质决定了其实际施工的能力,对建筑工程施工进度、工程质量和安全具有重要影响。建设单位一般通过招标发包或者直接发包的方式确定,其中招标发包可分为公开招标、邀请招标、议标三种形式。

根据《建筑业企业资质管理规定》,建筑业企业资质分为施工总承包资质、专业承包资质、施工劳务资质三个序列。施工总承包资质、专业承包资质按照工程性质和技术特点分别划分为若干资质类别,各资质类别按照规定的条件划分为若干资质等级。施工劳务资质不分类别与等级。在工程开工前,建设单位必须已通过招标发包或直接发包的方式被依法确定为具备同该工程建设规模和技术要求等相适应的资质条件的建筑施工企业。

(五)有满足施工需要的资金安排、施工图纸及技术资料

建筑工程施工具有建设周期长、投资数额高、占用资金多等特点。为了确保建筑工程的顺利、按期施工,建设资金的落实情况尤为重要。本条要求申请领取施工许可证,必须要求建设资金已经落实到位,避免在建设资金不足的情况下盲目施工,造成建筑工程"烂尾"或者拖欠施工企业工程款以及施工工人的工资等情况的发生。有些建设单位在自身建设资金不足或者根本没有落实的情况下,甚至要求施工企业垫资施工或者带资承包,严重损害了施工企业的合

法权益,扰乱建筑市场的正常秩序。因此,建设行政主管部门必须严格审查建设单位资金落实情况,对于不符合建设资金要求的,不予颁发施工许可证。

施工图纸是根据建筑技术设计文件而绘制的供施工使用的图纸。施工图纸是进行工程施工的根本性技术文件。施工图纸一般包括:施工总平面图、房屋建筑施工平面图、剖面图、安装施工详图、专门工程的施工图、非标准设备加工详图、设备和各类材料明细表等。设计单位应当按照施工的顺序和施工进度准备好施工图纸。

技术资料同样是建筑施工的重要条件之一。技术资料是工程施工的专业技术保障,确保建筑工程的施工质量和工程安全。技术资料主要包括地形、地质、水文、气象等自然条件资料和主要原材料、水电供应、运输条件等资料。为了保证工程质量,在开工前必须有满足施工需要的施工图纸和技术资料。

(六)有保证工程质量和安全的具体措施

确保工程质量和安全是本法的一项基本原则,是一切建筑活动必须严格遵守的基本要求。这一原则要求建筑施工企业在施工前必须编制好施工组织设计,保证工程的质量和安全,确保工程的顺利进行。施工组织设计是用来指导施工项目全过程各项活动的涉及技术、经济和组织等多方面的综合性文件,它能保证工程开工后施工活动有序、高效、安全、合理地进行。按照《建设工程施工合同(示范文本)》(GF-2017-0201),施工组织设计的内容一般包括:施工方案、施工现场平面布置图、施工进度计划及保证措施、劳动力及材料供应计划、施工机械设备的选用、质量保证体系及措施、安全生产及文明施工措施、环境保护及成本控制措施、合同当事人约定的其他内容。施工组织设计由建筑施工企业负责编制,必须在建筑工程开工前编制完毕。

本条第2款规定了建设行政主管部门颁发施工许可证的期限。建设行政主管部门应当自收到申请之日起7日内,对符合条件的申请颁发施工许可证。建设单位对建设行政主管部门不予颁发施工许可证不服的或者建设行政主管部门在本法规定的7日内不予答复的,建设单位有权向其上一级行政机关申请行政复议;对复议决定不服的,建设单位可以向人民法院提起行政诉讼,也可以直接向人民法院提起行政诉讼。

第九条 【有效期限】建设单位应当自领取施工许可证之日起三个月内开工。因故不能按期开工的,应当向发证机关申请延期;延期以两次为限,每次不超过三个月。既不开工又不申请延期或者超过延期时限的,施工许可证自行废止。

条文注释

第一,建设单位应当自领取施工许可证之日起3个月内开工。建筑工程施工许可证制度是建设行政主管部门依法对建筑活动进行监督和管理的重要手段。建设单位应当自领取施工许可证之日起3个月内开工建设。第二,建设单位因故不能按期开工的,应当向发证机关申请延期。但是,延期不能超过两次,每次延期不能超过3个月。建设单位不能无正当理由拒不按期开工。由于一些客观原因不能按期开工的,包括不具备建设条件(如建设用地未完成"三通一平")、存在不可抗力等,建设单位应当向发证机关申请延期。发证机关对建设单位申请延期的事实和理由进行审查,经审查认为事实和理由依法成立的,可以批准延期,延长的期限不能超过3个月。第三,施工许可证的废止。建设单位自领取施工许可证之日起3个月内未开工建设,又没有向发证机关申请延期的,施工许可证自行废止。此外,建设单位自领取施工许可证之日起3个月内未开工建设,但是向发证机关申请延期并获得批准,建设单位没有在批准延长的期限内开工的,施工许可证自行废止。

第十条 【施工中止、恢复】在建的建筑工程因故中止施工的,建设单位应当自中止施工之日起一个月内,向发证机关报告,并按照规定做好建筑工程的维护管理工作。

建筑工程恢复施工时,应当向发证机关报告;中止施工满一年的工程恢复施工前,建设单位应当报发证机关核验施工许可证。

条文注释

中止施工,是指建筑工程开工以后,在施工过程中因发生特殊事由而暂时停止施工的行为。造成中止施工的事由主要包括:不可抗力(如地震、台风、洪水)、建筑工程安全事故以及宏观调控等。自中止施工之日起1个月内,建设单位必须向发证机关报告中止施工的相关具体情况,报告内容一般包括中止施工的时间和原因、工程施工现状、维护管理措施等。建设单位应当依照相关法律法规的规定做好中止施工工程的维护管理工作。首先,建设单位应维护中止施工的建筑工程本身的质量,确保中止施工的建筑工程在恢复施工时不发生质量隐患。其次,建设单位应合理确定停工部位,并采取措施保护建筑工程,防止因工程中止施工而造成安全事故,如脚手架倒塌、坠落。这些措施主要包括对建筑工程的防火、防盗、定期检查维护等。

恢复施工,是指中止施工的建筑工程,在造成中止施工的事由消除后,继续进行施工的行为。对于中止施工不满1年的,建设单位应当向发证机关报告恢复施工的有关情况。报告内容包括恢复施工的原因、时间、条件等。对于中止施工满1年的,在恢复施工前,建设单位还必须向发证机关申请核验施工许可证,经发证机关核验合格,才可以继续施工;经发证机关审核认定不符合施工许可条件的,不允许恢复施工,施工许可证收回,建设单位需要重新申领施工许可证。

第十一条 【不能按期开工、中止施工的报告制度】按照国务院有关规定批准开工报告的建筑工程,因故不能按期开工或者中止施工的,应当及时向批准机关报告情况。因故不能按期开工超过六个月的,应当重新办理开工报告的批准手续。

条文注释

按照国务院有关规定批准开工报告的建筑工程，一般属于大中型的建筑工程。对不能按期开工或者中止施工的建筑工程及时向批准机关报告，可以使监管部门准确掌握建筑工程的施工情况以及建筑行业的动态信息，便于国家对建筑行业实施有效的宏观调控。对因故不能开工超过6个月的，要求重新办理开工报告的批准手续，有利于督促建设单位按期开工，避免经济环境、社会发展状况的变化导致开工条件发生改变。建筑工程因故不能按期开工或者中止施工的，应当及时向批准机关报告的情况。报告的主要内容一般包括：不能按期开工或者中止施工的原因、建筑工程的维护管理措施、已完工部分、在施工部位等。

第二节 从业资格

第十二条 【从业条件】从事建筑活动的建筑施工企业、勘察单位、设计单位和工程监理单位，应当具备下列条件：

（一）有符合国家规定的注册资本；

（二）有与其从事的建筑活动相适应的具有法定执业资格的专业技术人员；

（三）有从事相关建筑活动所应有的技术装备；

（四）法律、行政法规规定的其他条件。

条文注释

建筑从业主体所具备的条件，对于建筑工程的质量和安全具有重要影响。建设行政主管部门对从事建筑活动的建筑施工企业、勘察单位、设计单位和工程监理单位进行各方面的管理和审查，可以有效确保建筑工程的质量和安全。根据本条规定，从事建筑活动的建筑施工企业、勘察单位、设计单位和工程监理单位，应当具备下列条件：

第二章 建筑许可

(一)有符合国家规定的注册资本

注册资本的多少是判断建筑从业企业经济实力的主要依据之一,是建筑从业企业顺利完成各项建筑活动的重要物质保障。同时,注册资本也是判断企业法人责任能力的重要标准。根据本条规定,建筑施工企业、勘察单位、设计单位和工程监理单位必须具有符合国家规定的注册资本。因此,建筑施工企业、勘察单位、设计单位和工程监理单位在设立时,其注册资本必须达到国家规定的数额,才能获准注册登记。本法没有规定建筑从业企业注册资本的最低数额,相关数额首先要符合《公司法》的相关规定,其次要符合其他法律法规的相关规定,如申请施工总承包企业特级资质的,注册资本不得低于3亿元。

(二)有与其从事的建筑活动相适应的具有法定执业资格的专业技术人员

建筑活动,包括施工、勘察、设计、监理等,具有极强的专业性和技术性,并且直接影响到社会公众的生命、财产安全。因此,建筑施工企业、勘察单位、设计单位和工程监理单位必须具有与其从事的建筑活动相适应的具有法定执业资格的专业技术人员。这是相关建筑活动安全、正常、有效进行的重要人力资源保障。建筑施工企业、勘察单位、设计单位和工程监理单位不仅要具有管理人员、财会人员等,还必须具备从事相关建筑活动的专业技术人员,如注册建筑师、注册结构师和注册监理师。例如,施工总承包企业特级资质要求:企业经理具有10年以上从事工程管理工作的经历;技术负责人具有15年以上从事工程技术管理工作的经历,且具有工程序列高级职称及一级注册建造师或注册工程师执业资格;财务负责人具有高级会计师职称及注册会计师资格;企业具有注册一级建造师(一级项目经理)50人以上;企业具有本类别相关的行业工程设计甲级资质标准所要求的专业技术人员。

(三)有从事相关建筑活动所应有的技术装备

具有与其建筑活动相关的技术装备是建筑施工企业、勘察单位、设计单位和工程监理单位进行正常的施工、勘察、设计和监理工作的重要的物质基础和保障。建筑活动离不开应有的技术装备:建筑施工,必须有施工机械设备;勘察、设计,必须有勘察仪器设备和设计仪器设备,等等。

(四)法律、行政法规规定的其他条件

建筑施工企业、勘察单位、设计单位和工程监理单位除了应当具备上述三项条件以外,还应当具备法律、行政法规规定的其他条件。"其他条件",仅指法律、行政法规规定的条件,如我国《公司法》中关于有限责任公司、股份有限公司设立的规定。其既不包括国务院有关行政主管部门颁发的部门规章的规定,也不包括地方性法规的规定。

> **第十三条** 【资质等级】从事建筑活动的建筑施工企业、勘察单位、设计单位和工程监理单位,按照其拥有的注册资本、专业技术人员、技术装备和已完成的建筑工程业绩等资质条件,划分为不同的资质等级,经资质审查合格,取得相应等级的资质证书后,方可在其资质等级许可的范围内从事建筑活动。

条文注释

资质审查制度是指从事建筑活动的建筑施工企业、勘察单位、设计单位和工程监理单位按照其拥有的注册资本、净资产、专业技术人员、技术装备以及已完成的建筑工程业绩等,经建设行政主管部门审查合格,取得相应的资质证书,并在资质等级许可的范围内从事建筑活动。

根据本条规定,划分从事建筑活动的建筑施工企业、勘察单位、设计单位和工程监理单位的资质等级时依据的条件主要包括以下几点:

第一,拥有的注册资本。注册资本是衡量建筑从业单位从事生产经营活动和对外承担财产责任的能力的重要标准。根据本法第12条的规定,从事建筑活动的单位必须要有符合国家规定的注册资本。从事建筑活动的单位所拥有的注册资本是判断其是否具备相应的物质基础或者经济实力完成相关建筑活动的重要依据。

第二,拥有的专业技术人员。建筑活动所具有的专业性和技术性,要求从事建筑活动的单位必须拥有相关专业技术人员。相应的专业技术人员的数量和结构是审查从事建筑活动的单位的从业资质的重要依据。

第三,拥有的技术装备。相关技术装备的数量和质量,是衡量建筑从业单位技术实力的又一重要依据。从事现代化的建筑活动,必须要有相应的技术装备。

第四,已完成的建筑工程业绩。从事建筑活动的单位过去已完成的建筑工程业绩情况,可以直接反映该单位的专业人才水平、装备技术水平和管理水平等实际能力。

对从事建筑活动的单位的资质等级,应按法定的条件和国家规定的有关具体标准进行审查,经审查合格后,发给其相应等级的资质证书。从事建筑活动的建筑施工企业、勘察单位、设计单位和监理单位向主管部门提出申请,由资质管理部门根据申请材料,对其拥有的注册资本、专业技术人员、技术装备和实际业绩等进行综合评审,经审查符合有关资质等级标准的,由资质管理部门颁发相应资质等级的证书。从事建筑活动的建筑施工企业、勘察单位、设计单位和工程监理单位必须在其经依法核定的资质等级许可的范围内从事建筑活动。从事建筑活动的建筑施工企业、勘察单位、设计单位和工程监理单位的资质等级,反映了这些单位从事建筑活动的经济、技术能力和水平。

关联法规

《建筑工程施工许可管理办法》;《建筑业企业资质管理规定和资质标准实施意见》;《建筑业企业资质标准》

第十四条 【执业资格的取得】从事建筑活动的专业技术人员,应当依法取得相应的执业资格证书,并在执业资格证书许可的范围内从事建筑活动。

条文注释

从事建筑活动的专业技术人员,是指直接在建筑工程的勘察、设计、施工、监理等专业技术岗位上工作的技术人员。相应的执业资格证书,是指上述从事建筑业活动的人员应当具备的执业资格证书,主要包括:建筑师执业资格证书、建造师执业资格证书、监理工程师执业资格证书、建设工程质量监督工程师执业资格证书、勘察设计注册工程师执业资格证书、造价工程师执业资格证书等。对从事建筑活动的专业技术人员实行执业资格证制度,可以提高从事建筑活动的准入门槛,确保建筑工程质量和安全,保障人民群众的生命和财产安全,增强建筑活动从业人员的专业技术素质,有利于建筑业的持续、健康发展以及国际市场竞争力的提高。执业资格证制度,包括考试、注册、继续教育等方面系统的考核和要求。

(一)注册建筑师

《注册建筑师条例》和《注册建筑师条例实施细则》对注册建筑师执业资格作出了具体规定。注册建筑师是指依法取得注册建筑师证书并从事房屋建筑设计及相关业务的人员。该条例及其实施细则对取得注册建筑师资格的条件、程序,注册建筑师的执业范围、权利义务、法律责任等均作出了具体规定。注册建筑师分为一级注册建筑师和二级注册建筑师,一级注册建筑师的执业范围不受建筑规模和工程复杂程度的限制,二级注册建筑师的执业范围不得超过国家规定的建筑规模和工程复杂程度。

(二)注册监理工程师

《注册监理工程师管理规定》对注册监理工程师的执业制度作出了规定。注册监理工程师,是指经考试取得中华人民共和国监理工程师资格证书,并按照法律规定注册,取得中华人民共和国注册监理工程师注册执业证书和执业印章,从事工程监理及相关业务活动的专业技术人员。该管理规定对监理工程师主管部门、注册、执业、继续教育、权利义务、法律责任等均作出了具体规定。

(三)勘察设计注册工程师

《勘察设计注册工程师管理规定》对勘察设计注册工程师执业制度作出了规定。勘察设计注册工程师,是指经考试取得中华人民共和国注册工程师资格证书,并按照法律规定注册,取得中华人民共和国注册工程师注册执业证书和执业印章,从事建设工程勘察、设计及有关业务活动的专业技术人员。除注册结构工程师分为一级和二级外,其他专业注册工程师不分级别。该管理规定对勘察设计注册工程师主管部门、注册、执业、继续教育、权利和义务以及法律责任等均作出了具体规定。

(四)注册结构工程师

《注册结构工程师执业资格制度暂行规定》对注册结构工程师的执业制度作出了规定。注册结构工程师,是指取得中华人民共和国注册结构工程师执业资格证书和注册证书,从事房屋结构、桥梁结构及塔架结构等工程设计及相关业务的专业技术人员。注册结构工程师分为一级注册结构工程师和二级注册结构工程师。该暂行规定对注册结构工程师的主管部门、考试与注册、执业、权利和义务等均作出了具体规定。

第三章 建筑工程发包与承包

第一节 一 般 规 定

第十五条 【承包合同】建筑工程的发包单位与承包单位应当依法订立书面合同,明确双方的权利和义务。

发包单位和承包单位应当全面履行合同约定的义务。不按照合同约定履行义务的,依法承担违约责任。

条文注释

本条应注意以下两个问题:

第一,建筑工程的发包方与承包方应当依法采取书面形式订立建筑工程承包合同。

《民法典》合同编第18章专门规定了建设工程合同,其中第789

条规定建设工程合同应当采用书面形式。因此，建设工程承包合同属于法定的要式合同。建筑工程承包合同的主体包括承包方与发包方。建筑工程的发包方，通常为建筑工程的建设单位，即投资建设该项建筑工程的单位，又称"业主"。建筑工程的承包单位，即承揽建筑工程的勘察、设计、施工等业务的单位，包括对建筑工程实行总承包的单位和承包分包工程的单位。建筑工程承包合同是一个总概念，它包括建筑工程的勘察合同、设计合同、建筑施工合同和设备安装合同。订立建筑工程承包合同时，既可以由建设单位与一个总承包单位订立总承包合同，然后由总承包单位与各分包单位订立分包合同；也可以由建设单位分别与从事建筑活动的勘察、设计、施工、安装单位签订合同。建筑工程实行总承包的，如果总承包方经建设单位同意，在法律规定的范围内对部分工程项目进行分包，则工程的总承包方即成为分包工程的发包方。但是，发包人不得将应当由一个承包人完成的建设工程肢解成若干部分发包给几个承包人。

为了维护当事人的合法权益，指导建设工程施工合同当事人正确订立合同，住房和城乡建设部与原国家工商行政管理总局对《建设工程施工合同(示范文本)》(GF-2013-0201)进行了修订，制定了《建设工程施工合同(示范文本)》(GF-2017-0201)。该示范文本由合同协议书、通用合同条款和专用合同条款三部分组成。

(1)合同协议书。该示范文本中合同协议书的内容共计13条，主要包括：工程概况、合同工期、质量标准、签约合同价和合同价格形式、项目经理、合同文件构成、承诺以及合同生效条件等重要内容，集中约定了合同当事人基本的合同权利义务。

(2)通用合同条款。通用合同条款是合同当事人根据本法及《民法典》等法律法规的规定，就工程建设的实施及相关事项，对合同当事人的权利义务作出的原则性约定。

(3)专用合同条款。专用合同条款是对通用合同条款原则性约定进行细化、完善、补充、修改或另行约定的条款。合同当事人可以根据不同建设工程的特点及具体情况，通过双方的谈判、协商对相关专用合同条款进行修改或者补充。

第二,发包单位和承包单位应当全面履行合同约定的义务。不按照合同约定履行义务的,依法承担违约责任。

《民法典》第509条第1、2款规定:"当事人应当按照约定全面履行自己的义务。当事人应当遵循诚信原则,根据合同的性质、目的和交易习惯履行通知、协助、保密等义务。"第577条规定:"当事人一方不履行合同义务或者履行合同义务不符合约定的,应当承担继续履行、采取补救措施或者赔偿损失等违约责任。"根据上述规定,合同的当事人必须严格按照合同的约定,全面地履行合同义务。具体而言,当事人应当按照合同约定的标的及其质量、数量,在适当的时间、地点,以适当的方式,全面地履行合同义务。同时,合同当事人不仅应当适当地履行自己的主合同义务,还需要根据诚实信用原则履行通知、协助、保密等附随义务。无论是违反主合同义务,还是违反附随义务,都属于违约行为,均会产生违约责任。违约行为的形态主要包括不能履行、迟延履行、不完全履行、拒绝履行、债权人迟延等。违约责任则主要包括支付违约金、放弃定金、继续履行、赔偿损失、采取补救措施等。上述规定作为一般条款可以适用于建筑工程承包合同纠纷的处理。

关联法规

《民法典》第788~808条

第十六条 【招标投标活动原则】建筑工程发包与承包的招标投标活动,应当遵循公开、公正、平等竞争的原则,择优选择承包单位。

建筑工程的招标投标,本法没有规定的,适用有关招标投标法律的规定。

条文注释

建筑工程发包与承包的招标投标活动,是指建筑工程的发包方(招标方)以适当的方式发布拟建工程的有关信息(如工程的地点、性质、技术要求以及承包方的资质等级,但不标明工程的造价),表明将选择符合条件的承包商并与之签订建筑工程承包合同的意向,由承包商(投标方)向招标方提出工程报价和其他承包条件,参加投标竞争;招标方对各投标方的报价及相关条件进行审查比较后,从中择优选定中标者,并与其签订工程承包合同的活动。招标投标制度是保护国家利益、社会公共利益和建筑工程当事人的合法权益,提高经济效益,保证建筑项目质量的重要方式,是市场经济条件下建筑工程发包与承包的一种常用交易形式。通过招标投标进行建筑工程的发包与承包,可以有效降低工程建筑成本、提高工程质量和效率,还可以避免在建筑工程的发包和承包过程中出现商业贿赂、贪污腐败等违法问题。因此,根据《招标投标法》第3条的规定,在中华人民共和国境内进行下列工程建设项目包括项目的勘察、设计、施工、监理以及与工程建设有关的重要设备、材料等的采购,必须进行招标:(1)大型基础设施、公用事业等关系社会公共利益、公众安全的项目;(2)全部或者部分使用国有资金投资或者国家融资的项目;(3)使用国际组织或者外国政府贷款、援助资金的项目。此外,法律或者国务院对必须进行招标的其他项目的范围有规定的,依照其规定。

(一)建筑工程招标投标活动应当遵循的基本原则

根据本条规定,建筑工程发包与承包的招标投标活动应当遵循以下原则:

第一,公开原则,是指招标投标的相关信息应当公开,招标方应当公开发布建筑工程的招标信息,如拟建工程的主要技术要求、投标人的资质条件。招标投标活动的程序必须公开,包括招标公告的方式,投标的时间、地点和方式,评标过程,定标过程,开标时间和地点等。公开原则,有利于对招标投标活动进行有效的监督,确保招投标活动的合法、有效。

第二,公正原则,是指招标方在招标过程中要严格按照公开的招标条件和程序办事,严格按既定的标准评标和定标,确保投标人在招投标活动中享有平等的权利。开标的时间、开标的组织以及开标的形式都应该严格按照相关法律法规以及招标公告进行。评标由招标人依法组建的评标委员会负责。依法必须进行招标的项目,其评标委员会由招标人的代表和有关技术、经济等方面的专家组成,成员人数为 5 人以上单数,其中技术、经济等方面的专家不得少于成员总数的 2/3。专家应当从事相关领域工作满 8 年并具有高级职称或者具有同等专业水平,由招标人从国务院有关部门或者省、自治区、直辖市人民政府有关部门提供的专家名册或者招标代理机构的专家库内的相关专业的专家名单中确定;一般招标项目可以采取随机抽取方式确定,特殊招标项目可以由招标人直接确定。与投标人有利害关系的人不得进入相关项目的评标委员会,已经进入的应当更换。

第三,平等竞争原则,是指招标方要严格按照上述公开、公正的原则为投标方提供公平竞争的机会和权利,投标方要以正当手段开展竞争,不得采取不正当竞争行为进行投标活动。实践中,存在投标方之间串通投标或者投标方与招标方相互勾结,采用不正当手段排挤其他投标人等不正当竞争的现象。

(二)建筑工程招标投标活动的法律适用

本条第 1 款对建筑工程发包与承包的招标投标活动作出了原则性的规定。建筑工程招标投标活动除了应遵循上述基本原则以外,还应当遵循其他相关法律法规的规定。招标投标属于合同订立的方式之一。《民法典》第 473 条规定:"要约邀请是希望他人向自己发出要约的表示。拍卖公告、招标公告、招股说明书、债券募集办法、基金招募说明书、商业广告和宣传、寄送的价目表等为要约邀请。商业广告和宣传的内容符合要约条件的,构成要约。"《民法典》中包括邀约、承诺等在内的有关合同订立的规定,均适用于招投标活动。《招标投标法》对适用招标的工程建设项目的范围、招标投标活动的原则、招标的具体程序、投标的具体程序、开标、评标和中标以及相关法律责任等作出了规定。《招标投标法实施条例》从建筑工程的概念、招标投标活动的监管部门、招标、投标、法律责任等方面作出了更加细化的规定。《工程建设项目施工招标投标办法》《建筑工程设计招标投标管理办法》《工程建设项目勘察设计招标投标办法》《建筑工程方案设计招标投标管理办法》均对建筑工程招标投标活动作出了相关具体规定。建筑工程招标投标活动,必须遵循上述法律法规。

> **第十七条 【禁止行贿、受贿】**发包单位及其工作人员在建筑工程发包中不得收受贿赂、回扣或者索取其他好处。
> 承包单位及其工作人员不得利用向发包单位及其工作人员行贿、提供回扣或者给予其他好处等不正当手段承揽工程。

条文注释

收受贿赂,是指利用职务上的便利,索取他人财物或者非法收受他人财物,为他人谋取利益的行为。回扣,是指经营者按照相对方支付的商品或服务的款项,依照一定比例返还给买方的价款、实物或者其他形式的利益。按照是否为账外暗中收受,可以把回扣简单分为两种——"账内明示"的回扣、"账外暗中"的回扣。经营者销售或者购买商品,可以明示方式给对方折扣,可以给中间人佣金。经营者给对方折扣、给中间人佣金的,必须如实入账。接受折扣、佣金的经营者必须如实入账。单位或者个人在账外暗中收受回扣的,构成受贿。《刑法》第163条规定了非国家工作人员受贿罪:"公司、企业或者其他单位的工作人员,利用职务上的便利,索取他人财物或者非法收受他人财物,为他人谋取利益,数额较大的,处三年以下有期徒刑或者拘役,并处罚金;数额巨大或者有其他严重情节的,处三年以上十年以下有期徒刑,并处罚金;数额特别巨大或者有其他特别严重情节的,处十年以上有期徒刑或者无期徒刑,并处罚金。公司、企业或者其他单位的工作人员在经济往来中,利用职务上的便利,违反国家规定,收受各种名义的回扣、手续费,归个人所有的,依照前款的规定处罚。国有公司、企业或者其他国有单位中从事公务的人员和国有公司、企业或者其他国有单位委派到非国有公司、企业以及其他单位从事公务的人员有前两款行为的,依照本法第三百八十五条、第三百八十六条的规定定罪处罚"《刑法》第164条第1款中规定了对非国家工作人员行贿罪:"为谋取不正当利益,给予公司、企业或者其他单位的工作人员以财物,数额较大的,处三年以下有期徒刑或者拘役,并处罚金;数额巨大的,处三年以上十年以下有期徒刑,并处罚金。"《刑法》第389条规定了行贿罪:"为谋取不正当利益,给予国家工作人员以财物的,是行贿罪。在经济往来中,违反国家规定,给予国家工作人员以财物,数额较大的,或者违反国家规定,给予国家工作人员以各种名义的回扣、手续费的,以行贿论处。因被勒索给予国家工作人员以财物,没有获得不正当利益的,不是行贿。"本条中所说的"其他好处",在实践中有多种表现形式,如顾问费、咨询费、劳务费、贵重礼品甚至色情服务。在建筑工程发包与承包活动中,收受与提供这些好处的行为,都属于法律规定予以禁止的行为,将受到法律的追究。

第十八条 【工程造价与支付】建筑工程造价应当按照国家有关规定,由发包单位与承包单位在合同中约定。公开招标发包的,其造价的约定,须遵守招标投标法律的规定。

发包单位应当按照合同的约定,及时拨付工程款项。

条文注释

(一)建筑工程造价的确定依据

建筑工程造价,是指发包方向承包方支付的工程价款,是建设工程合同的必备条款。对工程的勘察、设计、施工等全过程实行总承包的,承包合同约定的承包价款与该项建筑工程的总造价大体相同;对建筑工程实行分项承包的,各承包合同约定的承包价款之和构成该项建筑工程的总造价。建筑工程的造价,首先应当由发包方和承包方在建筑工程承包合同中,根据平等、自由、协商一致的原则进行约定。在社会主义市场经济体制下,应当充分发挥市场竞争机制的作用,使建筑工程造价符合市场规律,由市场竞争的主体在遵守国家有关法律法规的前提下,自主决定工程价款。

《建筑安装工程费用项目组成》明确规定了建筑安装工程费用的各个项目组成。该文件的主要内容如下:(1)建筑安装工程费用项目按费用构成要素组成划分为人工费、材料费、施工机具使用费、企业管理费、利润、规费和税金。(2)为指导工程造价专业人员计算建筑安装工程造价,将建筑安装工程费用按工程造价形成顺序划分为分部分项工程费、措施项目费、其他项目费、规费和税金。(3)按照国家统计局《关于工资总额组成的规定》,合理调整了人工费构成及内容。(4)依据国家发展改革委、财政部等九部委发布的《标准施工招标文件》的有关规定,将工程设备费列入材料费;原材料费中的检验试验费列入企业管理费。(5)将仪器仪表使用费列入施工机具使用费;将大型机械进出场及安拆费列入措施项目费。(6)按照《社会保险法》的规定,将原企业管理费中劳动保险费中的职工死亡丧葬补助费、抚恤费列入规费中的养老保险费;在企业管理费中的财务费和其他中增加担保费用、投标费、保险费。(7)按照本法以及《社会保险法》的规定,取消原规费中危险作业意外伤害保险费,增加工伤保险费、生育保险费。(8)按照财政部的有关规定,在税金中增加地方教育附加。

人工费是指按工资总额构成规定,支付给从事建筑安装工程施工的生产工人和附属生产单位工人的各项费用。其内容包括:计时工资或计件工资;奖金;津贴补贴;加班加点工资;特殊情况下支付的工资。

材料费是指施工过程中耗费的原材料、辅助材料、构配件、零件、半成品或成品、工程设备的费用。其内容包括:材料原价、运杂费、运输损耗费、采购及保管费。工程设备是指构成或计划构成永久工程一部分的机电设备、金属结构设备、仪器装置及其他类似的设备和装置。

施工机具使用费是指施工作业所发生的施工机械、仪器仪表使用费或其租赁费。其中,施工机械使用费包括折旧费、大修理费、经常修理费、安拆费及场外运费、人工费、燃料动力费、税费;仪器仪表使用费包括工程施工所需使用的仪器仪表的摊销及维修费用。

企业管理费是指建筑安装企业组织施工生产和经营管理所需的费用。其内容包括：管理人员工资、办公费、差旅交通费、固定资产使用费、工具用具使用费、劳动保险和职工福利费、劳动保护费、检验试验费、工会经费、职工教育经费、财产保险费、财务费、税金、其他(包括技术转让费、技术开发费、投标费、业务招待费、绿化费、广告费、公证费、法律顾问费、审计费、咨询费、保险费等)。

利润是指施工企业完成所承包工程获得的盈利。

规费是指按国家法律、法规规定，由省级政府和省级有关权力部门规定必须缴纳或计取的费用。其内容包括：社会保险费、住房公积金、工程排污费。其他应列而未列入的规费，按实际发生计取。

税金是指国家税法规定的应计入建筑安装工程造价的营业税、城市维护建设税、教育费附加以及地方教育附加。

公开招标发包的，其造价的约定，须遵守招标投标法律的规定。《招标投标法》对招标、投标、开标、评标、中标、法律责任等问题作出了规定，通过公开招标发包的建筑工程的造价，必须遵守这些规定。发包方在其发布的工程招标公告及招标文件中，并不标明具体的工程造价，由各投标人在其投标标书中提出各自的工程报价。投标人在投标书中载明的工程报价及其他承包条件，属于向发包方提出建筑工程承包合同的要约，对投标人具有约束力。如果投标人中标，则表明发包方对投标人的要约作出承诺，合同即告成立。双方当事人应当以投标书中所报的工程造价为基础订立建筑工程承包合同。

(二)发包方应按合同约定及时支付工程款

建筑工程承包合同属于双务有偿合同，发包方的基本义务之一就是按照建筑工程承包合同的约定及时向承包方支付工程价款。建筑工程合同约定的发包方的义务，通常包括工程价款的支付时间、支付金额和支付方式等内容，发包方应当严格按照相关约定及时、足额地向承包方支付工程价款。《建设工程价款结算暂行办法》对工程合同价款的约定与调整、工程价款结算、工程价款结算争议处理、工程价款结算管理等问题作出了规定。

发包人、承包人应当在合同条款中对涉及工程价款结算的下列事项进行约定:(1)预付工程款的数额、支付时限及抵扣方式;(2)工程进度款的支付方式、数额及时限;(3)工程施工中发生变更时,工程价款的调整方法、索赔方式、时限要求及金额支付方式;(4)发生工程价款纠纷的解决方法;(5)约定承担风险的范围及幅度以及超出约定范围和幅度的调整办法;(6)工程竣工价款的结算与支付方式、数额及时限;(7)工程质量保证(保修)金的数额、预扣方式及时限;(8)安全措施和意外伤害保险费用;(9)工期及工期提前或延后的奖惩办法;(10)与履行合同、支付价款相关的担保事项。

发包人、承包人在合同中约定工程价款时,可选用下列任意一种约定方式:第一,固定总价。合同工期较短且工程合同总价较低的工程,可以采用固定总价的约定方式。第二,固定单价。双方在合同中约定综合单价包含的风险范围和风险费用的计算方法,在约定的风险范围内综合单价不再调整。风险范围以外的综合单价调整方法,应当在合同中约定。第三,可调价格。可调价格包括可调综合单价和措施费等,双方在合同中约定综合单价和措施费的调整方法,调整因素包括:(1)法律、行政法规和国家有关政策变化影响合同价款;(2)工程造价管理机构的价格调整;(3)经批准的设计变更;(4)发包人更改经审定批准的施工组织设计(修正错误除外)造成费用增加;(5)双方约定的其他因素。

工程预付款结算应符合下列规定:(1)承包人应将预付款专用于合同工程。(2)包工包料工程的预付款的支付比例不得低于签约合同价(扣除暂列金额)的10%,不宜高于签约合同价(扣除暂列金额)的30%。(3)承包人应在签订合同或向发包人提供与预付款等额的预付款保函后向发包人提交预付款支付申请。(4)发包人应在收到支付申请的7天内进行核实,向承包人发出预付款支付证书,并在签发支付证书后的7天内向承包人支付预付款。(5)发包人没有按合同约定按时支付预付款的,承包人可催告发包人支付;发包人在预付款期满后的7天内仍未支付的,承包人可在付款期满后的第8天起暂停施工。发包人应承担由此增加的费用和延误的工期,并应向承包人支付合理利润。(6)预付款应从每一个支付期应支付给承包人的工程进度款中扣回,直到扣回的金额达到合同约定的预付款金额为止。(7)承包人的预付款保函的担保金额根据预付款扣回的数额相应递减,但在预付款全部扣回之前一直保持有效。发包人应在预付款扣完后的14天内将预付款保函退还给承包人。

工程进度款结算方式包括:(1)按月结算与支付。即按月支付进度款,竣工后清算。合同工期在两个年度以上的工程,在年终进行工程盘点,办理年度结算。(2)分段结算与支付。即当年开工、当年不能竣工的工程按照工程形象进度,划分不同阶段支付工程进度款。具体的支付阶段应在合同中明确表示。

承包人提交已完工程量的报告。发包人应在接到报告后14天内核实已完工程量,并在核实前1天通知承包人;承包人应提供条件并派人参加核实,承包人收到通知后不参加核实的,以发包人核实的工程量作为工程价款支付的依据。发包人不按约定时间通知承包人,致使承包人未能参加核实的,核实结果无效。发包人在收到承包人报告后14天内未核实完工程量的,从第15天起,承包人报告的工程量即视为被确认,作为工程价款支付的依据;双方合同另有约定的,按合同执行。对超出设计图纸(含设计变更)范围和因承包人原因造成返工的工程量,发包人不予计量。

工程进度款支付应符合下列规定:(1)根据确定的工程计量结果,在承包人向发包人提出支付工程进度款申请后14天内,发包人应按不低于工程价款的60%,不高于工程价款的90%向承包人支付工程进度款。按约定时间发包人应扣回的预付款,与工程进度款同期结算抵扣。(2)发包人超过约定的支付时间不支付工程进度款的,承包人应及时向发包人发出要求付款的通知。发包人收到承包人通知后仍不能按要求付款的,可与承包人协商签订延期付款协议,经承包人同意后可延期支付,该协议应明确延期支付的时间和从工程计量结果确认后第15天起计算应付款的利息(利率按同期银行贷款利率计)。(3)发包人不按合同约定支付工程进度款,双方又未达成延期付款协议,导致施工无法进行的,承包人可停止施工,由发包人承担违约责任。

第二节 发 包

第十九条 【发包方式】建筑工程依法实行招标发包,对不适于招标发包的可以直接发包。

条文注释

根据本条规定,建筑工程发包方式包括两种:招标发包和直接发包。

(一)招标发包

招标发包,是指发包方通过公告或者其他方式,发布拟建工程的有关信息,表明其将招请合格的承包商承包工程项目的意向,由各承包商按照发包方的要求提出各自的工程报价和其他承包条件,参加竞争,最后由发包方择优选定中标者作为该项工程的承包方,与其签订工程承包合同的发包方式。

根据国际惯例以及我国目前建筑行业的实际做法,招标发包又可分为公开招标、邀请招标和议标三种具体形式。

公开招标,又称无限竞争性招标,是指发包方通过媒体(如报纸、电视、广播、网络)公开发布招标公告,公开提供招标文件,所有符合条件的承包者均有平等机会参加投标竞争,发包方按规定的公开程序和标准从中择优选定中标者作为工程承包方的招标方式。这种招标方式有利于承包商之间公平竞争,可以有效地降低工程造价,提高工程质量。相对而言,公开招标的发包形式具有程序复杂、成本较高的特点。

邀请招标,又称有限竞争性招标,是指发包方不发布招标公告,而是根据自己掌握的相关信息选择几家特定的承包商(一般为5家至10家,但不少于3家),向其发出投标邀请,由被邀请的承包商投标竞争,发包方从中选定中标者的招标方式。这种招标方式可以由发包方根据建筑工程的实际情况,事先对投标人进行选择,确保投标人具有完成建筑工程的能力和经验。

议标,又称非竞争性招标或者指定性招标,是指发包方选定两家或两家以上承包商,分别与其进行协商谈判,从中选定一家作为工程承包方的发包方式。

在上述三种招标方式中,公开招标发包方式显然最能体现公平竞争的原则,但此种方式仅适用于大中型建筑工程项目的招标发包。议标的方式缺乏充分竞争,程序也不公开,基本上属于发包方与各承包方一对一谈判签约的方式,从严格意义上说,不具有招标发包的基本特征,不能算是一种招标发包的方式,而是一种直接发包的形式。

根据《招标投标法》第3条第1款的规定,在中华人民共和国境内进行下列工程建设项目包括项目的勘察、设计、施工、监理以及与工程建设有关的重要设备、材料等的采购,必须进行招标:(1)大型基础设施、公用事业等关系社会公共利益、公众安全的项目;(2)全部或者部分使用国有资金投资或者国家融资的项目;(3)使用国际组织或者外国政府贷款、援助资金的项目。

国家发展和改革委员会于 2018 年 3 月 27 日公布的《必须招标的工程项目规定》第 2 条规定:"全部或者部分使用国有资金投资或者国家融资的项目包括:(一)使用预算资金 200 万元人民币以上,并且该资金占投资额 10% 以上的项目;(二)使用国有企业事业单位资金,并且该资金占控股或者主导地位的项目。"第 3 条规定:"使用国际组织或者外国政府贷款、援助资金的项目包括:(一)使用世界银行、亚洲开发银行等国际组织贷款、援助资金的项目;(二)使用外国政府及其机构贷款、援助资金的项目。"第 4 条规定:"不属于本规定第二条、第三条规定情形的大型基础设施、公用事业等关系社会公共利益、公众安全的项目,必须招标的具体范围由国务院发展改革部门会同国务院有关部门按照确有必要、严格限定的原则制订,报国务院批准。"第 5 条规定:"本规定第二条至第四条规定范围内的项目,其勘察、设计、施工、监理以及与工程建设有关的重要设备、材料等的采购达到下列标准之一的,必须招标:(一)施工单项合同估算价在400万元人民币以上;(二)重要设备、材料等货物的采购,单项合同估算价在200万元人民币以上;(三)勘察、设计、监理等服务的采购,单项合同估算价在100万元人民币以上。同一项目中可以合并进行的勘察、设计、施工、监理以及与工程建设有关的重要设备、材料等的采购,合同估算价合计达到前款规定标准的,必须招标。"

(二)直接发包

建筑工程的直接发包,是指由发包方直接选定特定的承包商,与其协商谈判,就双方的权利义务达成协议后,与其签订建筑工程承包合同的发包方式。这种方式简便易行,有利于节省发包费用,但由于缺乏公平的市场竞争,应当只适用于少数不适于采用招标方式发包的特殊建筑工程。

本法没有规定"不适于招标发包"的建筑工程的范围。凡是法律、行政法规规定必须实行招标发包的建筑工程,都应依法进行招标发包;法定范围以外的建筑工程,发包方可以选择实行直接发包。"不适于招标发包"的建筑工程包括两种情况:第一,工程项目本身的性质不适宜进行招标发包。《招标投标法》第66条规定,涉及国家安全、国家秘密、抢险救灾或者属于利用扶贫资金实行以工代赈、需要使用农民工等特殊情况,不适宜进行招标的项目,按照国家有关规定可以不进行招标。此外,具有下列情形之一的,可以不进行招标:(1)需要采用不可替代的专利或者专有技术;(2)采购人依法能够自行建设、生产或者提供;(3)已通过招标方式选定的特许经营项目投资人依法能够自行建设、生产或者提供;(4)需要向原中标人采购工程、货物或者服务,否则将影响施工或者功能配套要求;(5)国家规定的其他特殊情形。第二,从建筑工程的投资主体上看,对私人资本投资建设的工程,采用何种方式发包,法律一般没有必要加以限制,投资人可以自行选择发包方式,可以招标发包,也可以直接发包。

第二十条　【公开招标的程序】建筑工程实行公开招标的，发包单位应当依照法定程序和方式，发布招标公告，提供载有招标工程的主要技术要求、主要的合同条款、评标的标准和方法以及开标、评标、定标的程序等内容的招标文件。

开标应当在招标文件规定的时间、地点公开进行。开标后应当按照招标文件规定的评标标准和程序对标书进行评价、比较，在具备相应资质条件的投标者中，择优选定中标者。

条文注释

（一）公开招标的程序和方式

为了确保承包商能够享有平等竞争的机会，本条对公开招标作出了规定，要求发包单位依照法定程序和方式，发布招标公告。《招标投标法》第16条第1款规定："招标人采用公开招标方式的，应当发布招标公告。依法必须进行招标的项目的招标公告，应当通过国家指定的报刊、信息网络或者其他媒介发布。"具体而言，公开招标一般应当按照以下程序进行：(1)履行工程报建手续；(2)审查建设单位项目管理机构资质；(3)发包单位填写招标申请书，编制招标文件并送审；(4)在国家指定的媒介发布招标公告；(5)进行资格预审，发出资格预审合格通知书；(6)将招标文件、图纸和有关技术资料发送给投标单位；(7)组织投标单位勘察现场；(8)投标单位编制投标文件，并在指定的时间和地点发送给招标单位；(9)工程标底在开标前报招投标管理机构审定并密封；(10)发包单位组织开标；(11)评标委员会评标；(12)确定中标单位；(13)发包单位和中标单位签订合同。

招标公告一般应包括以下内容：(1)招标人的名称、地址，委托代理机构招标的，还应当包括该代理机构的名称、地址；(2)招标项目的性质；(3)招标项目的数量；(4)招标项目的实施时间和地点；(5)招标文件的获取方法；(6)评标的标准和方法；(7)开标、评标、定标的程序等。

招标人可以对已发出的资格预审文件或者招标文件进行必要的澄清或者修改。澄清或修改的内容可能影响资格预审申请文件或者投标文件编制的，招标人应当在提交资格预审申请文件截至时间至少3日前，或者投标截至时间至少15日前，以书面形式通知所有获取资格预审文件或者招标文件的潜在投标人；不足3日或者15日的，招标人应当顺延提交资格预审申请文件或者投标文件的截至时间。

(二) 开标、评标和定标应当遵守的基本要求

开标，是指招标单位在规定的时间、地点，将收到的投标书当众启封开拆，宣布投标单位的名称、投标价格等内容的活动。为保证招标活动的公开、公平、公正，开标活动应当在招标文件规定的时间、地点公开进行。开标时，投标单位或其代表应当参加，并对开标过程进行监督。招标方应当在投标单位的监督下当众查验各投标书的密封情况，确认密封完好后开拆投标书，公开宣读各标书中载明的投标人名称、投标价格和其他主要内容。对开标过程应当进行记录以便存档备查。开标记录一般应由主持人及其他工作人员签字确认。开标后，任何人不得再更改标书的报价和其他内容。

评标，是指由招标人依法组建的评标委员会对开标的标书内容进行分析比较，作出评价，以便最终确定中标人的活动。依法必须进行招标的项目，其评标委员会由招标人的代表和技术、经济等方面的专家组成，成员人数为5人以上单数，其中技术、经济等方面的专家不得少于成员总数的2/3。上述专家应当从事相关领域工作满8年并具有高级职称或者具有同等专业水平，由招标人从国务院有关部门或者省、自治区、直辖市人民政府有关部门提供的专家名册或者招标代理机构的专家库内的相关专业的专家名单中确定；一般招标项目可以采取随机抽取方式，特殊招标项目可以由招标人直接确定。2013年3月11日修正的《评标委员会和评标方法暂行规定》对评标委员会以及评标具体程序等内容作出了详细规定。

定标，又称决标，是指发包方从投标者中最终选定中标者作为工程的承包方的活动。定标必须遵循平等竞争、择优选定的原则，按照规定的程序，从评标委员会推荐的中标候选人中择优选定中标

人,并与其签订工程承包合同。在技术、资信等其他条件相当的情况下,应以报价最低的投标人为中标人。

第二十一条 【招标的组织和监督】建筑工程招标的开标、评标、定标由建设单位依法组织实施,并接受有关行政主管部门的监督。

条文注释

(一)由建设单位依法组织实施

建设单位是建筑工程的业主,负责建筑工程的投资并通常对建筑工程进行使用。对于政府投资的项目,建设单位代表政府对建筑工程进行管理和使用。因此,应当充分发挥建设单位的自主权,由建设单位自行组织实施建筑工程的开标、评标、定标,不允许其他组织或者个人非法干涉。《招标投标法》第37条第1款规定,评标由招标人依法组建的评标委员会负责。建设单位的自主权只包括组织、召开开标会议;确定、宣布评标、定标办法;公布投标书内容;组建评标委员会;确认中标单位;签订建筑工程承包合同等。当然,建设单位组织工程招标的开标、评标和定标,应当依照本法和其他有关建筑工程招标投标的法律及行政法规的规定进行,确保公开、公平、公正。

(二)应当接受有关行政主管部门的监督

为了保证建筑工程招标投标活动依法公开、公平、公正进行,有关行政主管部门应当依法对建筑工程招标的开标、评标和定标活动进行指导和监督。国务院发展改革部门指导和协调全国招标投标工作,对国家重大建设项目的工程招标投标活动实施监督检查。国务院工业和信息化、住房城乡建设、交通运输、铁道、水利、商务等部门,按照规定的职责分工对有关招标投标活动实施监督。县级以上地方人民政府发展改革部门指导和协调本行政区域的招标投标工作。县级以上地方人民政府有关部门按照规定的职责分工,对招标投标活动实施监督,依法查处招标投标活动中的违法行为。县级以上地方人民政府对其所属部门有关招标投标活动的监督职责分工另有规定的,从其规定。监察机关依法对与招标投标活动有关的监察对象实施监察。上述行政主管部门对开标、评标、定标活动的监督,应当依法进行,主要是监督检查开标、评标、定标程序是否合法。对违反法律、行政法规的有关规定,违反招标文件载明的程序的,应当依法予以纠正并依法追究相关单位和个人的法律责任。

> **第二十二条 【确定承包单位】**建筑工程实行招标发包的,发包单位应当将建筑工程发包给依法中标的承包单位。建筑工程实行直接发包的,发包单位应当将建筑工程发包给具有相应资质条件的承包单位。

条文注释

本法第13条规定,从事建筑活动的建筑施工企业、勘察单位、设计单位和工程监理单位,按照其拥有的注册资本、专业技术人员、技术装备和已完成的建筑工程业绩等资质条件,划分为不同的资质等级,经资质审查合格,取得相应等级的资质证书后,方可在其资质等级许可的范围内从事建筑活动。因此,无论是实行招标发包还是直接发包,都必须依法将工程发包给具备相应资质条件的承包单位。这样才能确保建筑工程的质量和安全,保障人民群众的生命、财产安全。建筑工程实行招标发包的,发包单位应当将建筑工程发包给依法中标的承包单位。"依法中标的承包单位"是指根据本法以及《招标投标法》《招标投标法实施条例》等法律法规的规定,严格依照法定的程序确定的承包单位。实行招标发包的建筑工程,发包单位确定中标单位后,应当向中标的承包单位发出中标通知,并与该依法中标的承包单位签订工程承包合同,将工程发包给依法中标的承包单位。发包单位必须对投标承包单位的资质条件进行审查,必须确保发包给中标单位的工程项目在中标单位资质等级许可的范围内。禁止将工程发包给不具备相应资质条件的单位。

《招标投标法》第66条规定:"涉及国家安全、国家秘密、抢险救灾或者属于利用扶贫资金实行以工代赈、需要使用农民工等特殊情况,不适宜进行招标的项目,按照国家有关规定可以不进行招标。"

《招标投标法实施条例》第 9 条第 1 款规定,除《招标投标法》第 66 条规定的可以不进行招标的特殊情况外,有下列情形之一的,可以不进行招标:(1)需要采用不可替代的专利或者专有技术;(2)采购人依法能够自行建设、生产或者提供;(3)已通过招标方式选定的特许经营项目投资人依法能够自行建设、生产或者提供;(4)需要向原中标人采购工程、货物或者服务,否则将影响施工或者功能配套要求;(5)国家规定的其他特殊情形。上述情形,建筑工程可以不采取招标发包的方式。建筑工程实行直接发包的,为了确保建筑工程的质量和安全,同样要求发包单位将建筑工程发包给具备相应资质条件的承包单位。

第二十三条 【禁止限定发包】政府及其所属部门不得滥用行政权力,限定发包单位将招标发包的建筑工程发包给指定的承包单位。

条文注释

在建筑工程市场,为了保证投标单位遵循公开、公平、公正的原则,享有平等竞争的机会,政府及其所属部门不得滥用权力,非法干预建筑工程招投标活动的正常进行。尤其要禁止政府及其所属部门限定发包单位将招标发包的建筑工程发包给指定的承包单位。建筑工程招投标活动应当依法尊重和保护建设单位的自主权,由建设单位根据法定的招投标程序,依法确定中标的承包单位。

第二十四条 【禁止肢解发包】提倡对建筑工程实行总承包,禁止将建筑工程肢解发包。

建筑工程的发包单位可以将建筑工程的勘察、设计、施工、设备采购一并发包给一个工程总承包单位,也可以将建筑工程勘察、设计、施工、设备采购的一项或者多项发包给一个工程总承包单位;但是,不得将应当由一个承包单位完成的建筑工程肢解成若干部分发包给几个承包单位。

条文注释

本条应注意以下两个问题:

第一,建筑工程总承包和"平行发包"。

建筑工程总承包,又称"交钥匙承包",是指发包方将建筑工程的勘察、设计、施工、材料和设备采购以及安装调试等建筑工程的全部任务一次性发包给一个承包单位,由该承包单位负责建筑工程勘察、设计、施工和采购等全部任务,最后向发包方交付经验收合格、符合承包合同要求的建筑工程的承发包方式。

建筑工程"平行发包",是指发包方将建筑工程的勘察、设计、施工、材料和设备采购等工作任务分开后,分别发包给不同的承包方,分别签订承包合同的建筑工程的承发包方式。根据本条的规定,提倡对建筑工程实行总承包,发包单位可以将建筑工程的勘察、设计、施工、设备采购一并发包给一个工程总承包单位——采取工程总承包的方式发包;也可以将建筑工程的勘察、设计、施工、设备采购的一项或者多项发包给一个工程总承包单位——采取分专业总承包的方式发包。

建筑工程总承包是建筑行业中通常采用的一种承发包方式。这种承发包方式,有利于资金技术力量雄厚、管理水平高、工程经验丰富的大型承包商取得承包合同,可以更好地保证建筑工程的质量和安全,提高建筑工程效率,降低工程造价。在建筑工程的承发包中采用总承包方式,可以有效地淘汰管理水平低、技术力量薄弱、建筑工程经验不足的承包商,通过市场竞争提高建筑工程行业的整体水平。

与总承包方式相对应的是单项任务的承包,即发包方将建筑活动中不同的工作任务,分别发包给不同的承包单位,与其签订相应的承包合同。这种发包方式,既有利于吸引较多的承包商参与各项建筑业务的投标竞争,使发包方有更大的选择余地;也有利于发包单位对建筑活动的各环节、各阶段实施直接的监督管理,这对那些拥有建筑活动方面的专业技术人才,对工程建设有较强的组织管理能力的建设单位来说是有利的。对建筑工程采取总承包方式,总承包单位由于负责的工作任务较多,通常还会对其总承包的建筑工程进行必要的分包,并就分包工程对发包人承担责任。

"平行承包"的承发包方式,是指各个承包商相互之间的关系是平行的,相互之间不存在隶属关系,发包方对各个承包商进行协调和监督。建筑工程领域社会分工越来越细密,由不同专业技术领域的承包商,分别对建筑工程的不同工作任务进行承包,可以提高工作效率,发挥各承包商的技术优势和特长,降低工程造价。发包单位应当根据建设工程的特点以及自身的实际情况选择不同的承发包方式。

第二,发包方可以选择不同的发承包方式,但不得将应当由一个承包单位完成的建筑工程肢解成若干部分发包给几个承包单位。

《民法典》第791条第1款规定:"发包人可以与总承包人订立建设工程合同,也可以分别与勘察人、设计人、施工人订立勘察、设计、施工承包合同。发包人不得将应当由一个承包人完成的建设工程支解成若干部分发包给数个承包人。"实践中,一些发包单位将按其性质和技术要求应当由一个承包单位承包的工程,肢解成若干部分,分别发包给几个承包单位。这样,容易造成工程建设缺乏统筹协调,质量和安全责任不清。如何确定是否属于应当由一个承包单位完成的建筑工程,需要由有关主管部门根据实际情况作出进一步具体的规定。

第二十五条 【禁止指定采购】按照合同约定,建筑材料、建筑构配件和设备由工程承包单位采购的,发包单位不得指定承包单位购入用于工程的建筑材料、建筑构配件和设备或者指定生产厂、供应商。

条文注释

本条应注意以下两个问题:

第一,建筑工程所需的建筑材料、建筑构配件和设备,根据合同的约定,既可以由发包方负责提供,也可以由承包方负责采购。

在国际建筑市场上,按照惯例通常由发包方负责采购建筑原材料及设备。发包方一般会与专业的材料设备供应商签订材料设备供应合同委托其负责建筑工程所需材料设备的供应。基于合同自由的原则,本条规定建筑工程所需的建筑材料、建筑构配件和设备,根据合同的约定,既可以由发包方负责提供,也可以由承包方负责采购。这样规定,充分尊重了当事人的意思自治,由建筑工程承包合同的当事人根据自己的利益以及实际情况作出选择,避免法律对建筑市场主体的活动过度干涉,违反市场经济规律。《建设工程施工合同(示范文本)》(GF-2017-0201)第2部分通用合同条款中的第8.1款规定,发包人自行供应材料、工程设备的,应在签订合同时在专用合同条款的附件《发包人供应材料设备一览表》中明确材料、工程设备的品种、规格、型号、数量、单价、质量等级和送达地点。承包人应提前30天通过监理人以书面形式通知发包人供应材料与工程设备进场。承包人按照第7.2.2项的规定约定修订施工进度计划时,需同时提交经修订后的发包人供应材料与工程设备的进场计划。第8.3.1项规定,发包人应按《发包人供应材料设备一览表》约定的内容提供材料和工程设备,并向承包人提供产品合格证明及出厂证明,对其质量负责。发包人应提前24小时以书面形式通知承包人、监理人材料和工程设备到货时间,承包人负责材料和工程设备的清点、检验和接收。发包人提供的材料和工程设备的规格、数量或质量不符合合同约定的,或因发包人原因导致交货日期延误或交货地点变更等情况的,按照第16.1款的规定约定办理。

第二,按照合同约定,建筑材料、建筑构配件和设备由工程承包单位采购的,发包单位不得指定承包单位购入用于工程的建筑材料、建筑构配件和设备或者指定生产厂、供应商。

《建设工程施工合同(示范文本)》(GF-2017-0201)第2部分通用合同条款中的第8.2款规定,承包人负责采购材料、工程设备的,应按照设计和有关标准要求采购,并提供产品合格证明及出厂证明,对材料、工程设备质量负责。合同约定由承包人采购的材料、工程设备,发包人不得指定生产厂家或供应商,发包人违反该款约定指定生产厂家或供应商的,承包人有权拒绝,并由发包人承担相应责任。第8.3.2项规定,承包人采购的材料和工程设备,应保证产品质量合格,承包人应在材料和工程设备到货前24小时通知监理人检验。承包人进行永久设备、材料的制造和生产的,应符合相关质量标准,并向监理人提交材料的样本以及有关资料,并应在使用该材料或工程设备之前获得监理人同意。承包人采购的材料和工程设备不符合设计或有关标准要求时,承包人应在监理人要求的合理期限内将不符合设计或有关标准要求的材料、工程设备运出施工现场,并重新采购符合要求的材料、工程设备,由此增加的费用和(或)延误的工期,由承包人承担。

在合同约定由承包方负责采购建筑材料、构配件和设备的情况下,按照合同约定的要求自行实施采购行为,既是承包方应履行的义务,也是承包方享有的合同权利。发包方不得利用自己的优势地位,要求承包方购入由其指定的建筑材料、构配件或设备,包括不得要求承包方必须从其指定的生产厂或供应商购买建筑材料、构配件或设备。在建筑工程按合同约定实行固定价的情况下,发包方指定承包方购买高价的建筑材料、构配件和设备,会损害承包方的利益,同时也容易滋生腐败。

第三节 承 包

第二十六条 【资质等级许可】承包建筑工程的单位应当持有依法取得的资质证书,并在其资质等级许可的业务范围内承揽工程。

禁止建筑施工企业超越本企业资质等级许可的业务范围或者以任何形式用其他建筑施工企业的名义承揽工程。禁止建筑施工企业以任何形式允许其他单位或者个人使用本企业的资质证书、营业执照,以本企业的名义承揽工程。

条文注释

本条应注意以下两个问题：

第一，承包建筑工程的单位应当持有依法取得的资质证书，并在其资质等级许可的范围内承揽工程。

本法第13条规定："从事建筑活动的建筑施工企业、勘察单位、设计单位和工程监理单位，按照其拥有的注册资本、专业技术人员、技术装备和已完成的建筑工程业绩等资质条件，划分为不同的资质等级，经资质审查合格，取得相应等级的资质证书后，方可在其资质等级许可的范围内从事建筑活动。"建筑施工企业除应当具有营业执照以外，还必须取得相应的资质证书。《建筑业企业资质管理规定》对建筑业企业的资质序列、类别和等级、资质许可、监督管理、法律责任等均作出了具体规定。承包建筑工程的单位应当持有资质证书，并只能在其资质等级许可的范围内承揽工程，禁止建筑施工企业超越本企业资质等级许可的业务范围承揽工程。

第二，禁止建筑施工企业超越本企业资质等级许可的业务范围或者以任何形式用其他建筑施工企业的名义承揽工程。禁止建筑施工企业以任何形式允许其他单位或者个人使用本企业的资质证书、营业执照，或者以本企业的名义承揽工程。

（1）建筑施工企业不得超越本企业资质等级许可的业务范围承揽工程。资质等级反映了建筑施工企业的管理水平、资金技术实力、专业人员素质以及工程施工的业务能力，是保障建筑工程质量和安全的重要基础。建筑施工企业必须在资质等级许可的范围内从事建筑施工活动，禁止低资质的建筑施工企业超越资质许可范围承揽建筑工程，造成建筑工程的安全质量隐患。

（2）禁止无资质或低资质的建筑工程施工企业以任何形式用其他建筑施工企业名义承揽工程。目前建筑市场较为常见的违反资质管理规定的现象，就是无资质或低资质的建筑工程施工企业或者个人以"挂靠"的方式，借用较高资质等级的建筑施工企业的名义承揽工程。这些单位或个人一般不具有相应的资金技术力量，缺乏专业技术人才，管理水平低下，为了谋取非法利润，违反建筑施工企业的资质管理规定,非法承揽工程,这是被法律明确禁止的行为。

(3)禁止建筑施工企业以任何形式允许其他单位或者个人使用本企业的资质证书、营业执照,以本企业的名义承揽工程。取得相关资质等级证书的建筑施工企业,不得为了谋取非法利益,以收取挂靠管理费等方式,允许其他单位和个人以本单位名义承揽工程。本法第66条规定,建筑施工企业转让、出借资质证书或者以其他方式允许他人以本企业的名义承揽工程的,责令改正,没收违法所得,并处罚款,可以责令停业整顿,降低资质等级;情节严重的,吊销资质证书。对因该项承揽工程不符合规定的质量标准造成的损失,建筑施工企业与使用本企业名义的单位或者个人承担连带赔偿责任。

第二十七条 【共同承包】大型建筑工程或者结构复杂的建筑工程,可以由两个以上的承包单位联合共同承包。共同承包的各方对承包合同的履行承担连带责任。

两个以上不同资质等级的单位实行联合共同承包的,应当按照资质等级低的单位的业务许可范围承揽工程。

[条文注释]

联合共同承包,是指由两个或两个以上的单位共同组成非法人的联合体,以该联合体的名义共同承揽建筑工程的承包形式。联合共同承包是国际工程承包中一种常见的承包方式,适用于大型、复杂的工程项目。本条应注意以下两个问题:

第一,共同承包的各方对承包合同的履行承担连带责任。

在共同承包的对内关系上,参加共同承包的各个承包单位通过合同的方式约定各方的权利和义务,一般包括联合承包的管理机构、管理职责、管理方式、各方承担的工程任务及分工、利润和风险的分配比例或者方式等。

在共同承包的对外关系上,参加联合承包的各方对承包合同的履行向发包方承担连带责任。"连带责任"是指在同一债权债务关系的两个以上的债务人中,任何一个债务人都负有向债权人履行全部债务的义务。债权人可以向其中任何一个或多个债务人请求履行债务,既可以请求部分履行,也可以请求全部履行;负有连带责任的债务人不得以债务人之间对债务分担比例有约定为由拒绝履行部分或全部债务。对于承包合同中约定的承包方的义务以及产生的法律责任,发包方有权请求参加联合承包的任何一方履行承包合同的全部义务,联合承包的各方不得拒绝。一方承担的义务或责任超过了共同承包内部约定的份额的,有权向其他参与共同承包的承包单位追偿。

第二,两个以上不同资质等级的单位实行联合共同承包的,应当按照资质等级低的单位的业务许可范围承揽工程。

根据本法第26条第1款的规定,承包建筑工程的单位应当持有依法取得的资质证书,并在其资质等级许可的业务范围内承揽工程。因此,联合共同承包同样要求参加联合共同承包的各个承包单位在资质等级许可范围内承揽工程。对于联合承包的资质等级要求,应当以资质等级低的承包单位的业务许可范围为准。本条第2款规定可以有效防止越级承包,避免部分承包单位在实践中以联合承包为幌子进行"资质挂靠",从而确保建筑工程的安全和质量。

第二十八条 【禁止转包】禁止承包单位将其承包的全部建筑工程转包给他人,禁止承包单位将其承包的全部建筑工程肢解以后以分包的名义分别转包给他人。

条文注释

转包又称违法转包,是指建筑工程的承包方将其承包的建筑工程转让给第三人,使受让人成为建筑工程的实际承包方的行为。在建筑市场中,一些建筑施工企业为了获取非法利益,将其承包的建筑工程压价转包给他人,从中谋取不正当利益。由于层层转包,转承包人即实际施工人能够实际获得的工程价款往往难以满足正常的建筑施工要求,为了确保利润空间,就会采用偷工减料的方式,违反设计要求和技术规范,造成严重的工程质量和安全隐患。同时,转包还往往造成工程款拖欠的问题,因为转包人在收取相应的管理费和工程款后常常不能及时支付给转承包人。承包人擅自将其承包的工程项目转包,事实上等同于合同主体的变更,破坏了建筑工程承包合同的稳定性和严肃性。在建设工程合同订立过程中,发包人通过招投标等程序,根据公开、公正、公平的原则选择具有相应资质等级、信誉可靠的承包人,而承包人将其所承包的工程转包给他人,会损害发包人的权益,违背诚实信用原则。

承包方按照承包合同的约定或者经发包方(建设单位)同意,将其承包的部分工程分包给他人的,其行为是合法的,本法第29条对此也作出了明确规定。有的承包商利用法律关于允许分包的规定,将其承包的全部工程分解成若干部分,再将各部分以分包的名义分别转包给他人,自己没有实际履行承包合同约定的义务,却通过转包从中获利。这种规避法律的行为,同样具有严重的危害性。因此,本条中规定,禁止承包单位将其承包的全部建筑工程肢解后以分包的名义分别转包给他人。

第二十九条 【建筑工程分包】建筑工程总承包单位可以将承包工程中的部分工程发包给具有相应资质条件的分包单位;但是,除总承包合同中约定的分包外,必须经建设单位认可。施工总承包的,建筑工程主体结构的施工必须由总承包单位自行完成。

建筑工程总承包单位按照总承包合同的约定对建设单位负责;分包单位按照分包合同的约定对总承包单位负责。总承包单位和分包单位就分包工程对建设单位承担连带责任。

禁止总承包单位将工程分包给不具备相应资质条件的单位。禁止分包单位将其承包的工程再分包。

条文注释

(一)建筑工程分包

建筑工程分包,是指对建筑工程实行总承包的单位,根据总承包合同的约定或者经建设单位认可,将其总承包的工程项目的某一部分或某几部分,再发包给其他的承包单位,与其签订总承包合同项下的分包合同。总承包合同的承包人即为分包合同的发包人。在建筑工程转包中,原承包方将其承包的工程全部倒手转给他人,退出承包合同关系不再实际履行合同约定的义务。在建筑工程分包中,总承包人只是将其总承包工程的某一部分或某几部分再分包给其他承包单位,总承包人仍要就总承包合同约定的全部义务(包括分包工程部分)的履行,向发包单位负责。为防止某些承包单位在拿到工程项目后以分包的名义倒手转包,损害建设单位的利益,破坏建筑市场秩序,本条中规定,实行施工总承包的,建筑工程主体结构的施工必须由总承包单位自行完成,不得分包。2014年8月27日修正的《房屋建筑和市政基础设施工程施工分包管理办法》第7条规定:"建设单位不得直接指定分包工程承包人。任何单位和个人不得对依法实施的分包活动进行干预。"第8条规定:"分包工程承包人必须具有相应的资质,并在其资质等级许可的范围内承揽业务。严禁个人承揽分包工程业务。"

建筑工程承包合同是发包方与承包方之间签订的合同,是发包方对承包方的资金技术实力、施工经验、人员素质等各方面充分考量选择的结果。因此,合同约定的承包方的义务,通常都应当由承包方自行完成。但是,有些建筑工程规模较大、结构复杂,施工的技术难度及对资金的要求较高。对于这类建筑工程实行总承包与分包相结合的方式,允许承包方将自己总承包工程项目中的部分劳务工程或者自己不擅长的专业工程项目分包给其他承包商,以便提高工程施工效率,提高工程质量,降低工程造价,有利于不同专业、技术特长的施工企业分工合作。但是,为防止总承包单位擅自将应当由自己完成的工程分包或者将工程分包给资金技术实力较弱的承包单位,本条中规定,分包的工程必须是总承包合同约定可以分包的工程,合同中没有约定的,须经建设单位认可。同时,禁止总承包单位将工程分包给不具有相应资质条件的单位。禁止分包单位将其承包的工程再分包。

(二)建设单位、总承包单位、分包单位之间的法律关系

在总包与分包相结合的承包形式中,存在总承包合同和分包合同两个合同关系,涉及建设单位、总承包单位和分包单位三方当事人。建设单位与总承包单位签订总承包合同,因此总承包单位应当履行总承包合同中约定的义务,并就总承包合同对建设单位承担相关法律责任。只有存在总承包合同约定或者经过建设单位同意,总承包单位才可以将总承包合同约定范围内的部分建设项目再分包给分包单位。但是,总承包单位仍然要就分包单位分包部分的工程向建设单位承担责任。在这种情况下,总承包单位和分包单位对分包部分的工程对建设单位承担的是连带责任。这样规定,一方面有利于督促总承包单位谨慎选择分包单位,避免其将部分建设工程分包给不具有合法资质的分包单位;另一方面也可以有效约束分包单位,使其必须确保分包部分工程的质量和安全。对于分包工程出现的问题,总承包人在向建设单位承担责任后,可以根据分包合同的约定向分包人行使追偿权。

第四章　建筑工程监理

第三十条　【工程监理】国家推行建筑工程监理制度。国务院可以规定实行强制监理的建筑工程的范围。

条文注释

(一)国家推行建筑工程监理制度

建设工程质量和安全关系到人民群众的生命和财产安全。国家为了确保建筑工程的质量和安全,降低建筑成本,提高建设效率,对建筑工程施行监理制度。"建筑工程监理",是指由具有法定资质的工程监理单位,接受建设单位的委托,依照法律、行政法规及有关的技术标准、设计文件和建筑工程承包合同,代表建设单位对承包单位的施工质量、建设工期和建设资金使用等相关建设行为实施监

督的专门活动。推行工程监理制度是国际建筑市场的通行做法,是建设单位对工程质量进行监督管理的主要方式。建筑工程活动具有专业性、技术性和复杂性的特点,而建设单位并不一定具有建筑工程方面的专业人才和技术设备。因此,单纯依靠建设单位自身的力量难以实现对承包单位的有效监督。实践中,有些建筑承包单位存在偷工减料、不遵守施工技术规范、浪费建设资金、拖延建设工期等不良行为。推行建筑工程监理制度,由具有建筑方面专业知识和管理经验的技术人才(监理工程师)对工程的施工质量、建设工期和建设资金使用情况进行监督,可以充分维护建设单位的合法利益,保证建筑工程的质量和安全。

(二)国务院可以规定实行强制监理的建筑工程的范围

建筑工程监理是建设单位为保证建筑工程的质量和安全、控制工程造价和工期而采取的重要措施,因此通常由建设单位自行决定是否委托监理单位。但是,有些建筑工程涉及国计民生,其质量和安全不仅涉及建设单位自身的合法权益,还会影响人民群众的生命和财产安全。同时,很多建设项目由政府财政资金投资,资金数额巨大,对建筑工程进行有效监管可以防止国有资产浪费,提高投资效益。故本条第 2 款规定,国务院可以规定实行强制监理的建筑工程的范围。

根据《建设工程质量管理条例》第 12 条的规定,实行监理的建设工程,建设单位应当委托具有相应资质等级的工程监理单位进行监理,也可以委托具有工程监理相应资质等级并与被监理工程的施工承包单位没有隶属关系或者其他利害关系的该工程的设计单位进行监理。下列建设工程必须实行监理:(1)国家重点建设工程;(2)大中型公用事业工程;(3)成片开发建设的住宅小区工程;(4)利用外国政府或者国际组织贷款、援助资金的工程;(5)国家规定必须实行监理的其他工程。2001 年 1 月 17 日发布并实施的《建设工程监理范围和规模标准规定》对强制监理建设工程的范围以及具体规模标准作出了进一步规定。对国务院规定实行强制监理制度的建筑工程,建设单位必须依法委托工程监理单位实施监理;对其他建筑工程,由建设单位自行决定是否实行工程监理。

第三十一条 【监理合同】实行监理的建筑工程,由建设单位委托具有相应资质条件的工程监理单位监理。建设单位与其委托的工程监理单位应当订立书面委托监理合同。

条文注释

本条应注意以下两个问题:

第一,实行监理的建筑工程,建设单位必须委托具有相应资质条件的工程监理单位监理。

根据本法第12条的规定,工程监理单位应当具备以下几个条件:(1)有符合国家规定的注册资本;(2)有与其从事的建筑活动相适应的具有法定执业资格的专业技术人员;(3)有从事相关建筑活动所应有的技术装备;(4)法律、行政法规规定的其他条件。根据本法第13条的规定,工程监理单位等按照其拥有的注册资本、专业技术人员、技术装备和已完成的建筑工程业绩等资质条件,划分为不同的资质等级,经资质审查合格,取得相应等级的资质证书后,方可在其资质等级许可的范围内从事建筑活动。

根据《工程监理企业资质管理规定》第3条的规定,从事建设工程监理活动的企业,应当按照该规定取得工程监理企业资质,并在工程监理企业资质证书许可的范围内从事工程监理活动。该规定对工程监理企业的资质等级标准以及相应的业务活动范围作出了具体规定。

第二,实行监理的建筑工程,建设单位与其委托的工程监理单位之间应当订立书面委托合同。

建筑工程监理合同属于委托合同,根据《民法典》第796条的规定,发包人应当与监理人采用书面形式订立委托监理合同。发包人与监理人的权利和义务以及法律责任,应当依照《民法典》合同编委托合同以及其他有关法律、行政法规的规定确定。委托合同的主要条款应当包括:委托方的名称、住址和受托方的名称、住址;委托事项;酬金或费用;双方的权利、义务;合同的变更、终止和解除;违约责任;发生争议的解决方式等。

> **第三十二条 【监理监督】**建筑工程监理应当依照法律、行政法规及有关的技术标准、设计文件和建筑工程承包合同,对承包单位在施工质量、建设工期和建设资金使用等方面,代表建设单位实施监督。
>
> 工程监理人员认为工程施工不符合工程设计要求、施工技术标准和合同约定的,有权要求建筑施工企业改正。
>
> 工程监理人员发现工程设计不符合建筑工程质量标准或者合同约定的质量要求的,应当报告建设单位要求设计单位改正。

条文注释

(一)建筑工程监理的依据以及主要内容

根据本条第1款的规定,建筑工程监理的依据包括:(1)法律,是指狭义的法律,即全国人大及其常委会制定的规范性法律文件的总称。(2)行政法规,是指国务院根据宪法和法律,按照法定程序制定的有关行使行政权力和履行行政职责的规范性文件的总称。(3)技术标准,是工程建设标准的一种,是工程建设中勘察、规划、设计、施工、安装、验收等需要遵守的标准。工程建设标准分为强制性标准和非强制性标准。(4)设计文件,是进行建筑施工的依据,施工单位必须严格依据设计文件进行施工,监理单位则应当以设计文件为依据监督施工单位的施工。(5)建筑工程承包合同。建设单位与承包单位根据相关法律规定,在平等自愿的基础上订立承包合同,对双方当事人的权利、义务作出具体的约定。承包合同的内容一般包括投标书、合同条件、设计图纸、工程说明书、技术规范及标准、工程量清单及单价表等。承包单位必须遵守合同约定,严格履行各项义务。监理单位依据建筑工程承包合同的约定,监督承包单位是否履行了合同约定的各项义务。

建筑工程监理主要是对承包单位在施工质量、建设工期和建设资金使用等方面实施监督。工程监理单位代表建设单位对承包单位的施工进行监督管理,可以提高建筑工程的质量,保证施工的进度,避免建设资金的浪费。

(二)工程监理人员的权利

本法所称"工程监理人员",是指依照本法第14条的规定,依法取得了工程监理执业资格证书,按照执业资格证书许可的范围从事工程监理活动的专业技术人员。工程监理人员在对建筑工程实施监理的过程中,应当严格按照法律、行政法规及有关的技术标准、设计文件、建筑工程承包合同及建筑工程监理委托合同的规定,对承包单位的施工质量、建设工期和建设资金使用等进行监督。工程监理人员应当客观、公正地对建设工程实施监督:一方面,工程监理人员认为工程施工不符合工程设计要求、施工技术标准和合同约定的,有权要求建筑施工企业改正;另一方面,工程监理人员发现工程设计不符合建筑工程质量标准或者合同约定的质量要求的,应当报告建设单位要求设计单位改正。

第三十三条 【监理事项通知】实施建筑工程监理前,建设单位应当将委托的工程监理单位、监理的内容及监理权限,书面通知被监理的建筑施工企业。

条文注释

建筑工程监理单位根据建设单位的委托对建筑施工企业的施工质量、施工进度和资金使用等方面进行监督。因此,建设单位应当将其委托的工程监理单位等信息书面告知被监理的建筑施工企业,以便建筑施工企业接受监督。工程监理单位派出监理工程师进驻施工现场,被监理单位需要配合监理工作的展开。建设单位应当以书面形式通知建筑施工企业以下事项。第一,工程监理单位,包括监理单位的名称、法定代表人、资质等级、监理人员等基本情况。第二,监理的内容,即根据建设单位的委托,监理单位对建筑施工活动的哪些方面进行监督。第三,监理权限,主要包括:(1)施工组织设计中的施工方案必须经项目总监理工程师审核认可,方能开工;施工进度计划必须经总监理工程师审查批准后方可实施。(2)施工单位现场管理人员和特殊工种操作人员必须经监理方审查资格后方可上岗。(3)施工单位选择的分包商须经监理方审查资质后方可进场。(4)工程使用的原材料、半成品、成品和设备的质量必须经专业监理工程师认可后,方可使用。(5)隐蔽工程必须经专业监理工程师复核签证后,才能进入下一道工序。(6)分项分部工程须经监理工程师验收合格后方可进入下一道工序。(7)单位工程完工后必须经监理方初验,达到合同要求的质量标准,监理方出具质量监理报告后,方可进行正式竣工验收。(8)在总监理工程师对已完工程形象进度和施工质量签证认可后,建设单位才可支付相应的工程款。(9)如施工单位不按图纸或不遵守施工操作规程、验收规范进行施工,监理工程师可签发监理通知单,书面通知整改。施工单位不听劝阻强行施工或发生了严重危及安全和质量的事件的,总监理工程师报请建设单位同意后有权签发停工通知单,施工单位接到停工通知后,必须立即停止施工,未接到复工通知书前,不得擅自施工。

第三十四条　【监理规范】工程监理单位应当在其资质等级许可的监理范围内,承担工程监理业务。

工程监理单位应当根据建设单位的委托,客观、公正地执行监理任务。

工程监理单位与被监理工程的承包单位以及建筑材料、建筑构配件和设备供应单位不得有隶属关系或者其他利害关系。

工程监理单位不得转让工程监理业务。

条文注释

工程监理单位接受建设单位的委托,为建设单位提供工程监理服务,工程监理单位与建设单位之间是委托合同关系。基于建设单位的委托授权,工程监理单位代表建设单位对承包单位的建筑施工活动进行监督。根据本条规定,工程监理单位在工程监理活动中应当遵循的基本行为规范包括：

第一，工程监理单位应当在其资质等级许可的监理范围内承担工程监理业务。建筑工程质量关系到人民群众的生命和财产安全，因此必须实施严格的工程监理制度。为了确保建筑工程监理单位有效地行使建筑工程监理职责，依照本法第12条和第13条的规定，国家对工程监理单位实行资质审批制度，监理单位应当在其经依法核准的资质等级范围内承揽工程监理业务。工程监理单位必须具备相应的专业人才、技术装备、专业技能、管理水平以及监理业绩等条件，具备相关资质等级并在资质等级许可范围内承担工程监理业务。

第二，工程监理单位应当根据建设单位的委托，客观、公正地执行监理任务。首先，工程监理单位及其监理人员在执行监理任务时，应当以客观事实为依据，实事求是地对承包单位的各项建筑活动进行监督；其次，工程监理单位及其监理人员在对建筑工程的质量、投资和进度实施监督时，应当公平公正地对待建设单位和承包单位的权利和利益，以保证工程质量和安全，提高投资效益，节约建设时间为宗旨。

第三，工程监理单位与被监理工程的承包单位以及建筑材料、建筑构配件和设备供应单位不得有隶属关系或者其他利害关系。隶属关系，是指工程监理单位与承包单位或者建筑材料、建筑构配件和设备供应单位之间为母子公司关系等。其他利害关系，是指工程监理单位与承包单位或者建筑材料、建筑构配件和设备供应单位之间存在某种利益关系，如参股、同一实际控制人。工程监理单位受建设单位的委托对承包单位在工程质量、施工进度和资金使用上进行监督时，应当客观、公正地执行监理任务。如果监理单位与被监理工程的承包单位以及建筑材料、建筑构配件和设备供应单位存在隶属关系或者其他利害关系，会导致监理单位难以遵循客观、公正的原则，进而可能损害工程质量，侵害建设单位的合法权益。

第四，工程监理单位不得转让工程监理业务。建设单位与工程监理单位订立书面委托监理合同，双方之间形成委托合同法律关系。建设单位基于对工程监理单位专业技术水平、工程监理经验的信任,选择具有相应合法资质的工程监理单位。因此,委托监理合同订立以后,任何一方当事人没有正当理由都不得对合同主体进行变更,工程监理单位不得转让工程监理业务。工程监理单位将委托监理合同约定的监理业务转让他人,违反了合同约定的义务,损害了建设单位的利益。因此,为了维护建设单位和被监理单位的权益,本条中明确规定监理单位不能转让监理业务。

第三十五条 【法律责任】工程监理单位不按照委托监理合同的约定履行监理义务,对应当监督检查的项目不检查或者不按照规定检查,给建设单位造成损失的,应当承担相应的赔偿责任。

工程监理单位与承包单位串通,为承包单位谋取非法利益,给建设单位造成损失的,应当与承包单位承担连带赔偿责任。

<u>条文注释</u>

本条应注意以下两个问题:

第一,工程监理单位不按照委托监理合同的约定履行监理义务,对应当监督检查的项目不检查或者不按照规定检查,给建设单位造成损失的,应当承担相应的赔偿责任。

在实施监理业务的过程中,监理单位应当按照委托监理合同的约定,依照法律、行政法规及有关的技术标准、设计文件和建筑工程承包合同,对项目施工实施监督管理。工程监理单位不按照委托监理合同的约定履行监理义务,对应当监督检查的项目不检查或者不按照规定检查,给建设单位造成损失的,应当承担赔偿责任。

对于建设单位受到的损失,监理单位应当承担和其过错程度相适应的赔偿责任。

第二,工程监理单位与承包单位串通,为承包单位谋取非法利益,给建设单位造成损失的,应当与承包单位承担连带赔偿责任。

工程监理单位接受建设单位的委托对建筑工程的施工实施监

督管理,应当严格履行委托监理合同约定的各项义务,确保建设单位的合法权益。如果监理单位在监理活动中,与承包单位串通,为承包单位谋取非法利益,给建设单位造成损失,则应与承包单位承担连带赔偿责任:工程监理单位和承包单位都负有向建设单位赔偿全部损失的义务,建设单位可以向其中任何一方要求全部或部分赔偿。

需要注意的是,若工程监理单位及监理工程师违反相关规定,造成建设单位损失,则其除了承担民事责任以外,还将被依法追究行政责任、刑事责任。

第五章 建筑安全生产管理

第三十六条 【管理方针、基本制度】建筑工程安全生产管理必须坚持安全第一、预防为主的方针,建立健全安全生产的责任制度和群防群治制度。

条文注释

(一)必须坚持安全第一、预防为主的方针

建筑工程生产过程专业化、技术化程度越来越高,同时建筑工程生产带来的安全问题也越来越多。建筑工程生产的专业性和特殊性,要求对建筑工程生产过程施行严格的安全管理。建筑行业属于人员密集型行业,施工人员流动性强,施工环境复杂,存在很多高危作业,因此安全事故多发。据统计,建筑行业每年在施工生产中因安全事故导致的死亡人数仅次于矿上井下生产,在各行业中处于第二位。为此,本法专设一章对建筑安全生产管理作出规定,以便保护施工人员及周边群众的生命和财产安全。

坚持安全第一、预防为主的方针,是指在建筑工程生产活动中,应当以生产安全为首要管理目标,在管理制度、技术规范等方面采取确保生产安全的预防性措施,防止发生建筑工程安全事故。安全第一,要求建筑工程生产活动必须把施工安全放在第一位,不能片面地以追求生产效率、节约生产成本为借口,忽视建筑生产的安全管理。预防为主,是实现安全第一的必要方针,要求生产单位在建筑工程生产过程中,加强对工作人员的安全教育和培训,严格制定并实施各项安全生产制度,在施工过程中使用符合生产安全标准的设备、材料等。

(二)必须建立健全安全生产的责任制度

安全生产责任制度,是指由相关管理人员及不同岗位生产人员承担安全生产责任,将生产各个环节的安全工作落实到具体人员。在建筑生产活动中,只有明确各个人员的安全责任,分工负责,才能形成有效的安全管理机制,使建筑生产各个环节的安全工作都由具体人员负责实施。这样可以充分提高生产人员的安全责任意识,确保各项安全生产制度和规范得到有效的落实,从而形成完整、健全的安全生产责任体系。安全生产责任制度具体包括以下内容:(1)建筑生产企业法定代表人对企业的生产安全负总责,全面负责企业安全生产管理工作。(2)企业各部门负责人及其工作人员就企业的生产、技术、材料供应、设备管理、劳资、卫生等方面,在各部门业务职能范围内,对安全生产负责。(3)各具体工作岗位的生产人员须经过安全培训,具备相应技术资质和从业资格才能上岗并对本岗位的安全生产工作负责。

(三)必须建立健全群防群治制度

群防群治制度,是指由所有参与建筑生产活动的人员共同预防安全事故、落实和监督安全生产的制度。这是群众路线和民主管理在建筑生产活动中的具体要求和重要体现。充分发挥职工群众安全生产的积极性、主动性,使职工群众在日常生产过程中时时刻刻以安全生产为目标,有利于及时发现安全事故隐患,真正体现安全第一、预防为主的方针。首先,企业制定有关安全生产管理的重要制度时,应当充分听取广大职工群众的意见和建议;其次,建立激励职工群众积极主动地参与企业的安全生产管理、监督和创新的机制;再次,加强对职工群众安全生产责任意识的宣传和教育,形成安全第一的良好企业氛围；最后，组织开展对职工群众安全生产活动的监督检查，强化职工群众的安全生产责任意识。

> **第三十七条 【设计规范】**建筑工程设计应当符合按照国家规定制定的建筑安全规程和技术规范，保证工程的安全性能。

条文注释

合规的建筑工程设计是保证建筑工程安全的重要前提。建筑工程设计一般是指根据建筑工程项目的要求，经过实际勘察，结合建筑的使用功能以及投资额度、地理环境、气候、抗震等因素制作建筑工程图纸文件的活动。保证工程的安全性能具有两个方面的含义：一方面是保证建筑工程施工作业的安全。设计单位应当按照法律、行政法规以及工程建设强制性标准进行设计，还要结合施工安全操作和防护的实际需要，对涉及施工安全的重要内容在设计文件中特别注明，防止在施工过程中出现生产安全事故。另一方面是保证施工完成后建筑物本身的安全。建筑工程设计的质量直接关系到建筑物的安全，应当严格遵循各项法律法规以及强制性标准，符合建筑物使用安全的要求，保证工程的结构等方面具有可靠性和安全性。

为了保证工程的安全性能，建筑工程设计必须符合按照国家规定制定的建筑安全规程和技术规范。建筑安全规程和技术规范，是指在建筑活动中为了防止人身伤亡、财产损失以及危害环境而制定的统一的具体技术要求，主要包括根据《标准化法》《标准化法实施条例》《建设部工程建设国家标准管理办法》《建设部工程建设行业标准管理办法》等国家规定制定的建筑安全规程和技术规范。这些安全规程和技术规范分为国家标准、行业标准、地方标准以及企业标准等。其中，建筑施工安全的国家标准、行业标准以及地方标准都属于强制性标准。

第三十八条 【安全技术措施】建筑施工企业在编制施工组织设计时,应当根据建筑工程的特点制定相应的安全技术措施;对专业性较强的工程项目,应当编制专项安全施工组织设计,并采取安全技术措施。

条文注释

根据本法第8条第1款的规定,申请领取施工许可证,应当具备下列条件:(1)已经办理该建筑工程用地批准手续;(2)依法应当办理建设工程规划许可证的,已经取得建设工程规划许可证;(3)需要拆迁的,其拆迁进度符合施工要求;(4)已经确定建筑施工企业;(5)有满足施工需要的资金安排、施工图纸及技术资料;(6)有保证工程质量和安全的具体措施。因此,建筑施工企业编制保证工程质量和安全的具体措施,是取得建筑施工许可的条件之一。

施工组织设计,又称施工组织规划,是指为了指导施工工作,针对建筑工程的特点而编制的涉及技术、经济、组织、控制等方面的综合性文件。施工组织设计,是组织施工的纲领性文件,是保证安全生产的重要手段。施工组织设计可分为三种:(1)施工组织总设计,是指针对整个建筑群的特点编制的整体性、概括性的建筑施工规划、部署,涉及内容比较广。(2)单位工程的施工组织设计,是指针对某一个建筑物的特点编制的建筑施工规划,是施工组织总设计的具体化,其内容较为详细。(3)分项工程作业设计,是指针对分项工程的特点,将某项工程的施工组织设计具体化,是专业工程的具体施工设计。施工组织设计主要包括以下内容:工程任务概况;施工总体方案、施工方法、施工进度、施工力量、设备材料及部署;施工组织技术措施,包括工程质量、安全防护以及环境保护等措施;施工总平面布置图;总承包与分包的分工范围及交叉施工部署等。

安全技术措施,是指在编制施工组织设计时,为了防止施工人员伤亡和财产损失以及预防职业病,针对建筑工程的特点、施工方法、施工环境等条件所制定的相应措施。专业性较强的工程项目,主要是指爆破、吊装、水下、深坑、支模、拆除等特殊工程项目。建筑施工企业在编制施工组织设计时,应编制专项的安全技术方案,同时应当根据其特殊性制定相应的安全技术措施。住房和城乡建设部于2011年12月7日发布的行业标准《建筑施工安全检查标准》对建筑施工的各项安全技术措施作出了具体规定。

> **第三十九条 【现场安全防护】**建筑施工企业应当在施工现场采取维护安全、防范危险、预防火灾等措施;有条件的,应当对施工现场实行封闭管理。
>
> 施工现场对毗邻的建筑物、构筑物和特殊作业环境可能造成损害的,建筑施工企业应当采取安全防护措施。

条文注释

(一)建筑施工企业在施工现场应采取的主要安全措施

第一,维护安全的措施。按照有关规定,在建筑施工现场应采取的维护安全的措施一般包括:施工企业应当在施工现场危险部位设置明显的符合国家标准的安全警示标志;施工现场要有交通指示标志,工地内交通运输道路应保持安全和畅通;工地内架设的电线应符合相关法律法规规定的强制性标准;建筑材料、设备的存放应当安全、稳固,等等。

第二,防范危险的措施。例如,存放爆炸物的仓库应当与居民区、交通要道和高压线等保持足够的安全距离;仓库应当使用耐火材料建筑;施工单位应将施工现场的办公区、生活区与作业区分开设置,并保持安全距离,等等。

第三,预防火灾的措施。施工企业应当在施工现场建立消防安全责任制度,确定消防安全责任人,制定用火、用电、使用易燃易爆材料等各项消防安全管理制度和操作规程,设置和维护符合消防要求的消防通道、消防水源等设施,配备和维护消防器材等。

(二)有条件的应对施工现场实行封闭管理

施工现场的封闭管理,是指采取一定的手段将施工现场包围起来,使之同外界有一定的隔离。施工企业有条件的,应对施工现场进行封闭围挡。一方面,对在建的建筑物、构筑物使用密目式安全网封闭,既可以保证施工人员的安全,又可以防止高空坠物造成其他人员伤亡;另一方面,对施工现场实行封闭式管理,在现场周围设置围墙、围挡、门卫,可以使施工现场与外界隔离,防止非施工人员随意出入。

(三)施工现场对毗邻的建筑物、构筑物和特殊作业环境可能造成损害的,建筑施工企业应采取安全防护措施

施工单位应当采取防护措施确保毗邻的建筑物、构筑物的安全。建筑工程在进行深基础施工、桩基础施工或者爆破作业时,容易对毗邻的建筑物、构筑物造成损害。因此,需要对毗邻的建筑物和构筑物采取必要的保护、加固等措施。"特殊作业环境",是指在施工现场附近有需要采取特殊安全保护措施的环境状况,如周围有特殊的建筑物、特殊管线、特殊设施等情形。为保证上述建筑物、构筑物和特殊作业环境的安全不因施工受到损害,施工企业应当采取安全防护措施。

第四十条 【地下管线保护】建设单位应当向建筑施工企业提供与施工现场相关的地下管线资料,建筑施工企业应当采取措施加以保护。

条文注释

地下管线是指设置于地下的用于供水、排水、供电、通信、供热、供气等的管道和线路。地下管线是重要的公共基础设施,直接关系到社会公众的基本生活保障。因此,对地下管线必须严格保护,以保障公共基础设施的正常运行。

建设单位和建筑施工企业均要承担保护地下管线的义务。首先,建设单位应当向建筑施工企业提供与施工现场相关的地下管线资料。所谓与施工现场相关的地下管线资料,是指建筑施工企业从事建筑活动时经批准占用的施工场地以内的埋于地下的管道线路

资料,包括通信线路、天然气管道、供水排水管道、供电管线资料等。建设单位应当了解和掌握上述相关地下管线资料,包括线路、管道在地下的走向及埋设深度等详细数据。建设单位一般可以在城市建设档案馆获得地下管线资料。依照本条规定,建设单位有义务将相关的地下管线资料提供给建筑施工企业。其次,建筑施工企业应当采取措施保护地下管线。建筑施工企业在掌握地下管线资料后,应当制定相应的安全技术措施,严格按照施工组织设计和安全技术措施施工,防止造成地下管线的破坏,保护好与施工场地相关的地下管线。一般情况下,对施工现场的地下管线采取安全防护措施的费用应被纳入建筑工程造价,由建设单位承担。

第四十一条 【污染防治】建筑施工企业应当遵守有关环境保护和安全生产的法律、法规的规定,采取控制和处理施工现场的各种粉尘、废气、废水、固体废物以及噪声、振动对环境的污染和危害的措施。

条文注释

《宪法》第26条第1款规定,国家保护和改善生活环境和生态环境,防治污染和其他公害。《环境保护法》第4条第1款规定,保护环境是国家的基本国策;第6条第1款规定,一切单位和个人都有保护环境的义务。此外,《海洋环境保护法》《水污染防治法》《大气污染防治法》《固体废物污染环境防治法》《噪声污染防治法》等全国人大及其常委会制定的有关环境保护的专门法律,为保护环境和防治污染提供了基本法律依据。国务院制定的有关环境保护的行政法规主要包括《国务院关于环境保护若干问题的决定》《防治海岸工程建设项目污染损害海洋环境管理条例》等。此外,各省、自治区、直辖市人大及其常委会以及省、自治区、直辖市人民政府所在地的市和经国务院批准的较大的市的人大及其常委会依据法律、行政法规,结合当地实际情况制定了有关环境保护的地方性法规。建筑施工企业在建筑施工作业中,必须依照法律的规定,认真履行保护环境的义务,在施工现场采取相应的措施,防止对环境造成污染和危害。

建筑施工企业应当遵守有关环境保护和安全生产的法律规定,采取必要的措施控制和处理环境污染和危害:(1)建筑施工企业应当遵守有关环境保护的法律规定,采取措施控制和处理施工现场的各种粉尘、废气、废水、固体废物以及噪声、振动对环境的污染和危害。(2)建筑施工企业应当遵守有关安全生产的法律规定,包括《安全生产法》《劳动法》等。

第四十二条 【审批事项】有下列情形之一的,建设单位应当按照国家有关规定办理申请批准手续:

(一)需要临时占用规划批准范围以外场地的;
(二)可能损坏道路、管线、电力、邮电通讯等公共设施的;
(三)需要临时停水、停电、中断道路交通的;
(四)需要进行爆破作业的;
(五)法律、法规规定需要办理报批手续的其他情形。

条文注释

(一)需要临时占用规划批准范围以外场地的

根据《土地管理法》第57条的规定,建设项目施工和地质勘查需要临时使用国有土地或者农民集体所有的土地的,由县级以上人民政府自然资源主管部门批准。其中,在城市规划区内的临时用地,在报批前,应当先经有关城市规划行政主管部门同意。土地使用者应当根据土地权属,与有关自然资源主管部门或者农村集体经济组织、村民委员会签订临时使用土地合同,并按照合同的约定支付临时使用土地补偿费。临时使用土地的使用者应当按照临时使用土地合同约定的用途使用土地,并不得修建永久性建筑物。临时使用土地期限一般不超过2年。

(二)可能损坏道路、管线、电力、邮电通讯等公共设施的

根据《公路法》第44条的规定,任何单位和个人不得擅自占用、

挖掘公路。因修建铁路、机场、电站、通信设施、水利工程和进行其他建设工程需要占用、挖掘公路或者使公路改线的，建设单位应当事先征得有关交通主管部门的同意；影响交通安全的，还须征得有关公安机关的同意。占用、挖掘公路或者使公路改线的，建设单位应当按照不低于该段公路原有的技术标准予以修复、改建或者给予相应的经济补偿。根据《城市道路管理条例》第31条的规定，因特殊情况需要临时占用城市道路的，须经市政工程行政主管部门和公安交通管理部门批准，方可按照规定占用。经批准临时占用城市道路的，不得损坏城市道路；占用期满后，应当及时清理占用现场，恢复城市道路原状；损坏城市道路的，应当修复或者给予赔偿。

根据《电力法》第52条的规定，任何单位和个人不得危害发电设施、变电设施和电力线路设施及其有关辅助设施。在电力设施周围进行爆破及其他可能危及电力设施安全的作业的，应当按照国务院有关电力设施保护的规定，经批准并采取确保电力设施安全的措施后，方可进行作业。根据《电力设施保护条例》第17条的规定，任何单位或个人必须经县级以上地方电力管理部门批准，并采取安全措施后，方可进行下列作业或活动：(1)在架空电力线路保护区内进行农田水利基本建设工程及打桩、钻探、开挖等作业；(2)起重机械的任何部位进入架空电力线路保护区进行施工；(3)小于导线距穿越物体之间的安全距离，通过架空电力线路保护区；(4)在电力电缆线路保护区内进行作业。

根据《邮政法》第13条的规定，邮政企业应当对其设置的邮政设施进行经常性维护，保证邮政设施的正常使用。任何单位和个人不得损毁邮政设施或者影响邮政设施的正常使用。根据《邮政法实施细则》第18条的规定，任何单位因建设需要，征用、拆迁邮政企业及分支机构或者邮政设施时，应当与当地邮政企业协商，在保证邮政通信正常进行的情况下，应当将邮政企业及分支机构、邮政设施迁至适宜的地方或者另建，所需费用由征用、拆迁单位承担。

(三)需要临时停水、停电、中断道路交通的

根据《城市供水条例》第22条的规定，由于工程施工、设备维修

等原因确需停止供水的,应当经城市供水行政主管部门批准并提前24小时通知用水单位和个人。根据《城市道路管理条例》第31条的规定,因特殊情况需要临时占用城市道路的,须经市政工程行政主管部门和公安交通管理部门批准,方可按照规定占用。

(四)需要进行爆破作业的

建筑施工中需要进行爆破作业的,建设单位应当按照国家有关规定办理申请批准手续。进行爆破作业时,必须遵守爆破安全规程。

第四十三条 【安全管理】建设行政主管部门负责建筑安全生产的管理,并依法接受劳动行政主管部门对建筑安全生产的指导和监督。

条文注释

本条应注意以下两个问题:

第一,本条规定的建设行政主管部门对建筑安全生产的管理,属于政府行业主管部门对本行业安全生产所实施的行业性行政管理。建设安全生产的行业行政管理,是建设行政主管部门依法对从事建筑活动的建筑施工企业、建筑设计单位、勘察单位和工程监理单位等实施的监督和管理。国务院建设行政主管部门对全国的建筑安全生产实施统一的行业管理,地方人民政府的建设行政主管部门按照自己的职责对本地区的建筑安全生产进行管理。

第二,政府劳动行政主管部门负责对建筑安全生产实施行政指导和监督。劳动行政主管部门对建筑安全生产的指导和监督主要包括:对贯彻执行国家有关安全生产的法律、法规及方针政策的情况进行指导和监督;对建设行政主管部门组织实施的建筑工程项目执行"三同时"(建设项目安全设施必须与主体工程同时设计、同时施工、同时投入生产和使用)的情况进行指导和监督;对建筑工程的安全事故调查进行指导和监督;对建设行政主管部门的安全生产责任制度进行指导和监督;对建设行政主管部门组织实施安全教育培训工作的情况进行指导和监督;法律、行政性法规或者地方性法规规定由劳动行政主管部门履行的其他有关建筑安全生产的指导与监督职责。

> **第四十四条 【企业安全责任】**建筑施工企业必须依法加强对建筑安全生产的管理,执行安全生产责任制度,采取有效措施,防止伤亡和其他安全生产事故的发生。
> 建筑施工企业的法定代表人对本企业的安全生产负责。

条文注释

(一)建筑施工企业必须依法加强建筑安全生产管理

建筑施工企业应加强企业安全生产管理,建立和完善安全生产责任制度。建筑施工企业应当依法保护劳动者健康和安全,严格贯彻执行国家有关安全生产的法律、法规等规定,采取有效措施,避免安全事故的发生。建筑施工企业应当做到以下三个方面:

第一,依法加强对建筑安全生产的管理。建筑施工企业应当依照有关安全生产的法律、法规,并结合本企业的具体情况,建立健全有关安全生产的规章制度,主要包括安全生产责任制度、安全技术措施制度、安全检查制度等。建筑施工企业应当加强对企业员工的安全教育,培养和提高企业员工的安全意识。建筑施工企业应当定期对企业安全生产各方面工作进行监督、检查,对发现的问题及时整改,真正做到防患于未然。

第二,执行安全生产责任制度。建筑施工企业应当建立健全安全生产责任制度,明确规定企业员工的安全生产岗位职责,将安全生产各项规章制度落实到位。这是确保建筑安全生产管理制度得以落实的重要手段。已经建立和完善的安全生产责任制度,在实践中必须严格执行。安全生产责任制度主要包括:(1)企业法定代表人及主管安全生产的主要负责人应当认真贯彻执行本法及其他有关的劳动安全的法律、法规和规章的规定,对本企业的劳动保护和安全生产负总责。(2)建筑施工企业的各有关职能机构应当在各自的职责范围内协助企业法定代表人和主管安全生产的主要负责人做好安全生产各方面工作,对本职能机构职责范围内的各项生产活动进行监督、检查,对发现的安全隐患必须及时解决。(3)各具体岗位上的企业员工必须遵守相应的岗位安全生产责任制度,不得违反安全法律法规及企业安全管理的规章制度,确保本岗位的安全生产。

第三,采取保证建筑生产安全的有效措施。建筑施工企业应当针对建筑施工活动的特点,采取有效的管理和技术措施,保证生产安全,防止人员伤亡和其他安全生产事故的发生。建筑施工企业必须根据国家及行业的建筑施工安全技术措施和标准组织施工,并结合本企业及建筑工程的具体情况,采取有效的生产安全防范措施。保证建筑生产安全的有效措施主要包括施工现场、脚手架、土石方工程、机电设备和安装、防护用品等方面的安全管理措施。

(二)建筑施工企业的法定代表人对本企业的生产安全负责

建筑施工企业的法定代表人是指依据法律或者法人组织章程规定,代表建筑施工企业全面行使职权的负责人。法定代表人对本企业的生产经营活动负总责,是企业安全生产的第一责任人。这是企业贯彻执行"安全第一、预防为主"方针的基本要求。建筑施工企业的法定代表人必须正确处理安全与生产的关系,真正做到在确保安全的前提下进行生产。建筑施工企业的法定代表人对本企业的安全生产负责,一般包括以下几项内容:(1)制定和实施企业的安全生产责任制度。(2)严格遵守安全生产的相关法律、法规、规章等各项制度。(3)设立和完善本企业的安全管理职能机构。(4)研究解决安全生产中的实际问题,及时消除安全隐患,提高建筑施工企业的安全生产水平。(5)组织安全检查,总结与推广安全生产先进经验。(6)按照本法和国家有关规定对职工进行安全教育和技术培训。(7)对本企业发生的伤亡事故及时统计上报,并认真进行调查分析,查明责任,及时整改。(8)定期向企业职工代表大会报告企业安全生产情况和措施,接受本企业职工的民主监督。

第四十五条 【现场安全责任】施工现场安全由建筑施工企业负责。实行施工总承包的,由总承包单位负责。分包单位向总承包单位负责,服从总承包单位对施工现场的安全生产管理。

条文注释

施工现场是指建筑施工企业进行工程施工作业的场所。建筑施工企业负责施工现场的管理和使用,因此,也应当负责施工现场的安全,确保施工现场内的人身和财产安全。建筑施工企业在施工现场的安全职责主要包括:设置和维护安全防护设施;制定安全技术措施;确保办公区、住宿区等区域内临时建筑的安全;保证现场材料和设备的存放安全;保证现场使用的危险品(炸药、雷管、引线等)的安全,等等。建筑施工企业违反安全生产的相关法律法规,导致施工现场发生安全事故的,应当依法承担法律责任。

建筑工程实行施工总承包的,工程施工现场的安全应由总承包单位统一负责。施工总承包是指建筑工程的施工由一个建筑施工企业全面负责。施工总承包单位应当对施工现场的安全生产实施统一管理,同时还要监督检查分包工程的施工现场安全。分包单位应就其分包工程的施工现场安全对总承包单位负责。分包单位应当服从总承包单位对施工现场的安全生产管理,自觉接受总承包单位的监督检查。分包单位应当根据总承包单位的总体部署,编制分包工程的施工组织设计,设计中的安全项目应当符合总承包单位施工组织设计的要求。分包单位需改变施工总平面布置图的,须先向总承包单位提出申请,经同意后才能实施。

第四十六条 【安全生产教育培训】建筑施工企业应当建立健全劳动安全生产教育培训制度,加强对职工安全生产的教育培训;未经安全生产教育培训的人员,不得上岗作业。

条文注释

为了依法加强对建筑企业职工的安全生产教育,保证生产安全,本条中特别规定未经安全生产教育培训的人员不得上岗作业,使安全生产教育培训成为建筑施工企业的强制性责任。建筑施工企业安全生产教育培训的主要内容包括:第一,有关安全生产的法律、法规、政策和标准的教育培训。通过对职工进行有关安全生产的法律、法规、政策和标准的教育,使企业职工能够正确理解和掌握有关法律法规和技术标准,使企业员工增强安全生产的法律意识,依法做好安全生产的各项工作。第二,安全科学技术知识的教育培训。安全科学技术知识的教育,是指基本的安全技术知识和专业性安全技术知识的教育。对职工进行安全科学技术知识的教育应当注意以下三个方面:(1)重视和加强对新员工的教育培训,教育培训内容包括安全技术知识、设备性能、操作规程、安全制度和严禁事项等。新员工经过教育培训并考查合格后,方可进入操作岗位。(2)对电工、焊工、架子工、司炉工、爆破工、起重工、打桩工等特殊工种应针对其工作的特殊要求进行专门的安全教育培训。(3)采用新技术、新工艺、新设备施工和调换工作岗位时,要对操作人员进行新技术和新岗位的安全教育,未经教育培训并考核合格者不得上岗操作。

第四十七条 【安全施工的权利和义务】建筑施工企业和作业人员在施工过程中,应当遵守有关安全生产的法律、法规和建筑行业安全规章、规程,不得违章指挥或者违章作业。作业人员有权对影响人身健康的作业程序和作业条件提出改进意见,有权获得安全生产所需的防护用品。作业人员对危及生命安全和人身健康的行为有权提出批评、检举和控告。

条文注释

(一)建筑施工企业和作业人员在安全生产方面应履行的义务

第一,应当遵守有关安全生产的法律、法规和建筑行业安全规章、规程。有关安全生产的法律,是指全国人大及其常委会颁布的具有法律约束力的安全生产方面的行为规范,如《劳动法》《安全生产法》。有关安全生产的法规,是指国务院颁布的有关安全生产的行政法规,和具有立法权的地方人大及其常委会颁布的有关安全生产的地方性法规。建筑行业安全规章、规程,是指对建筑行业的安全生产负有监督、管理职责的国务院有关行政部门依据法律、行政法规颁布的有关规范性文件。

第二,不得违章指挥或者违章作业。不得违章指挥或者违章作业,是指建筑施工企业的法定代表人、项目经理、生产管理人员等不得违反有关安全生产的法律、法规和建筑行业安全规章、规程,强令作业人员作业。对违章指挥、违章作业的行为,有关人员有权制止;对于管理人员的违章指挥,职工有权依据《劳动法》的规定拒绝执行。

(二)建筑施工作业人员在安全生产方面享有的权利

第一,作业人员有权对影响人身健康的作业程序和作业条件提出改进意见。建筑施工作业人员直接在生产第一线从事建筑施工作业,对于作业程序是否合理、作业条件是否完善,有最直接的体验。同时,作业程序和作业条件对建筑施工作业人员的人身健康影响最大。因此,为保证作业人员的人身健康,国家有关部门对于建筑工程的作业程序和作业条件作了具体规定。作业人员有权对影响人身健康的作业程序和作业条件提出改进意见,以保证自己的人身安全。

第二,作业人员有权获得安全生产所需的防护用品。防护用品是在劳动过程中保护作业人员人身安全和健康的防御性装备。防护用品属于保证建筑工程安全的必备物品,可以预防工伤事故、职业危害和减少工伤事故造成的损害。建筑施工企业必须根据国家有关规定向作业人员发放安全防护用品。作业人员有权要求获得安全生产所需的防护用品。企业不按规定发放安全防护用品的,作业人员有权依据本条规定提出批评、检举和控告。作业人员的防护用品一般包括安全帽、防护手套、防护服装、防尘口罩等。

第三,作业人员对危及生命安全和身体健康的行为有权提出批评、检举和控告。作业人员对建筑施工企业的管理人员实施的危及其生命安全和身体健康的行为有提出批评、检举和控告的权利。作业人员对企业管理人员进行民主监督,使企业管理人员能经常听取群众意见,进而不断改进企业的安全工作。如果企业管理人员不接受员工批评并采取改进措施,作业人员有权向主管部门和司法机关进行检举和控告。

第四十八条 【工伤保险和意外伤害保险】建筑施工企业应当依法为职工参加工伤保险缴纳工伤保险费。鼓励企业为从事危险作业的职工办理意外伤害保险,支付保险费。

条文注释

建筑职工意外伤害保险,是指由建筑施工企业作为投保人与保险公司订立保险合同,支付保险费,以本企业从事危险作业的职工作为被保险人,当被保险人在建筑施工作业中发生意外伤害事故时,由保险公司依照合同约定向被保险人或受益人支付保险金。参加建筑职工意外伤害保险是保障建筑业从业人员合法权益,转移和分散企业事故责任风险,提高企业预防和控制风险能力,促进企业安全生产的重要法律制度。

第四十九条 【变动设计方案】涉及建筑主体和承重结构变动的装修工程,建设单位应当在施工前委托原设计单位或者具有相应资质条件的设计单位提出设计方案;没有设计方案的,不得施工。

条文注释

装修又称装潢或装饰,是指使房屋建筑达到一定的环境要求使用装修材料对建筑主体和承重结构进行施工的建筑活动,包括水电、墙体、地板、天花板、景观等方面的施工。随着人民群众居住条件的改善,装修已经成为生活中一项必不可少的工程。装修工程不仅要使建筑物更加美观、实用,更要注重建筑物的安全。但是,由于部分业主法律意识淡薄,安全意识不够,导致实践中存在随意拆改建筑主体和承重结构的现象。建筑主体,是支承整个建筑物的框架结构。承重结构属于建筑主体的一部分,是支承建筑物的重要基础。建筑主体和承重结构,是保证建筑物安全的重要组成部分。建筑物的主体和承重结构一旦遭到破坏或者改变,将会引发建筑物倒塌、倾斜等安全事故,严重威胁人民群众的人身和财产安全。因此,对于涉及建筑主体和承重结构变动的装修工程,建设单位在施工前必须委托原设计单位或者具有相应资质条件的设计单位提出设计方案,以确保建筑物的安全。设计单位进行设计时应当严格执行国家有关保证工程安全的设计规范。房屋装修需要拆改结构的,装修设计必须保证房屋的整体性、抗震性和结构安全。根据《建设工程质量管理条例》第69条的规定,涉及建筑主体或者承重结构变动的装修工程,没有设计方案擅自施工的,不仅要承担行政责任,造成损失的还要依法承担民事赔偿责任。根据《刑法》第137条的规定,涉及建筑主体或者承重结构变动的装修工程,没有设计方案擅自施工,造成重大安全事故的,要依法承担刑事责任。

> **第五十条 【房屋拆除安全】**房屋拆除应当由具备保证安全条件的建筑施工单位承担,由建筑施工单位负责人对安全负责。

条文注释

确保房屋拆除安全进行,是贯彻"安全第一、预防为主"方针的具体要求。首先,实施房屋拆除的建筑施工单位应具备保证安全作业的相关条件,否则不得从事房屋拆除作业。保证安全作业的相关条件一般应当包括:编制房屋拆除安全技术措施;具备相应的技术装备;具有符合相应资质的专业技术人员;有能力制定和完善相关安全管理制度等。其次,建筑施工单位负责人应对房屋拆除作业的安全负责。建筑施工单位的负责人是建筑施工企业的行政管理人员,不仅负责房屋拆除作业的组织实施,还应当针对房屋拆除作业制定相关安全管理制度,监督和管理拆除活动中的安全事项,从而真正预防安全事故的发生。

> **第五十一条 【施工事故处理】**施工中发生事故时,建筑施工企业应当采取紧急措施减少人员伤亡和事故损失,并按照国家有关规定及时向有关部门报告。

条文注释

施工事故,是指在建筑施工过程中造成人员伤亡和较大财产损失的事件。根据生产安全事故造成的人员伤亡情况或者直接经济损失,一般将事故分为以下四个等级:(1)特别重大事故,是指造成30人以上死亡,或者100人以上重伤(包括急性工业中毒,下同),或者1亿元以上直接经济损失的事故;(2)重大事故,是指造成10人以上30人以下死亡,或者50人以上100人以下重伤,或者5000万元以上1亿元以下直接经济损失的事故;(3)较大事故,是指造成3人以上10人以下死亡,或者10人以上50人以下重伤,或者1000万元以上5000万元以下直接经济损失的事故;(4)一般事故,是指造成3人以下死亡,或者10人以下重伤,或者1000万元以下直接经济损失的事故。

施工中发生事故时,建筑施工企业必须采取紧急措施,减少人员伤亡和事故损失。从业人员发现直接危及其人身安全的紧急情况时,有权停止作业或者在采取可能的应急措施后撤离作业场所。对未采取紧急措施,造成事故损失加重的,应依法追究企业负责人及有关负责人员的法律责任。事故发生后,事故现场有关人员应当立即向本单位负责人报告;单位负责人接到报告后,应当于1小时内向事故发生地县级以上人民政府安全生产监督管理部门和负有安全生产监督管理职责的有关部门报告。情况紧急时,事故现场有关人员可以直接向事故发生地县级以上人民政府安全生产监督管理部门和负有安全生产监督管理职责的有关部门报告。报告事故应当包括下列内容:(1)事故发生单位概况;(2)事故发生的时间、地点以及事故现场情况;(3)事故的简要经过;(4)事故已经造成或者可能造成的伤亡人数(包括下落不明的人数)和初步估计的直接经济损失;(5)已经采取的措施;(6)其他应当报告的情况。

关联法规

《安全生产法》第55、83、84、110、111条;《生产安全事故报告和调查处理条例》第3、9~12条

第六章 建筑工程质量管理

第五十二条 【建筑工程安全标准】建筑工程勘察、设计、施工的质量必须符合国家有关建筑工程安全标准的要求,具体管理办法由国务院规定。

有关建筑工程安全的国家标准不能适应确保建筑安全的要求时,应当及时修订。

条文注释

建筑工程安全标准,是指依照《标准化法》《标准化法实施条例》等相关规定制定的保证建筑工程安全的国家标准和行业标准。根据《标准化法》第2条第2款的规定,标准包括国家标准、行业标准、地方标准和团体标准、企业标准。国家标准分为强制性标准、推荐性标准,行业标准、地方标准是推荐性标准。根据《标准化法》第10条第1款的规定,对保障人身健康和生命财产安全、国家安全、生态环境安全以及满足经济社会管理基本需要的技术要求,应当制定强制性国家标准。

有关建筑工程安全的国家标准不能适应确保建筑安全的要求时,有关部门应当及时修订。随着生产力水平的提高和科学技术水平的不断发展,大量新技术、新工艺和新的建筑材料将不断被采用。同时,对建筑工程安全技术标准的要求也在不断完善和提高。已经制定和实施的有关国家标准和行业标准因客观情况的变化不再适

应保证建筑安全的要求时,相关部门应当依照法定的程序及时修订。

> **第五十三条 【质量体系认证】**国家对从事建筑活动的单位推行质量体系认证制度。从事建筑活动的单位根据自愿原则可以向国务院产品质量监督管理部门或者国务院产品质量监督管理部门授权的部门认可的认证机构申请质量体系认证。经认证合格的,由认证机构颁发质量体系认证证书。

条文注释

质量体系认证制度,是指国务院产品质量监督管理部门或者其授权的部门认可的认证机构,依据国际通用的"质量管理和质量保证"系列标准,对企业的质量体系和质量保证能力进行审核,并对合格的企业颁发企业质量体系认证证书的制度。根据《产品质量法》第14条第1款的规定,国家根据国际通用的质量管理标准,推行企业质量体系认证制度。企业根据自愿原则可以向国务院市场监督管理部门认可的或者国务院市场监督管理部门授权的部门认可的认证机构申请企业质量体系认证。经认证合格的,由认证机构颁发企业质量体系认证证书。国家对从事建筑活动的单位推行企业质量体系认证制度具有重要意义:一方面,有利于促进建筑企业在管理和技术等方面采取有效措施,在企业内部建立起可靠的质量保证体系,以保证建筑工程的质量和安全;另一方面,通过质量体系认证机构的认证可以提高企业的质量信誉,增强企业竞争力。

从事建筑活动的单位根据自愿原则,可以向国务院产品质量监督管理部门或者国务院产品质量监督管理部门授权的部门认可的认证机构申请质量体系认证。申请质量体系认证的主体是从事建筑活动的单位,具体包括建筑施工企业、建筑勘察单位、建筑设计单位和工程监理单位。认证机构对申请单位进行审核,认为该单位的质量保证能力符合标准要求的,向其颁发质量体系认证证书,证明其质量体系符合相应的标准和技术规范的要求。

第六章 建筑工程质量管理

第五十四条 【建设单位质量责任】建设单位不得以任何理由,要求建筑设计单位或者建筑施工企业在工程设计或者施工作业中,违反法律、行政法规和建筑工程质量、安全标准,降低工程质量。

建筑设计单位和建筑施工企业对建设单位违反前款规定提出的降低工程质量的要求,应当予以拒绝。

条文注释

建设单位又称业主,是建筑工程的投资者,也是建筑工程的实际使用者。建筑工程的质量直接关系到建设单位人员的人身和财产等合法权益。因此,建设单位有权利对建筑工程的质量进行监督和检查,委托监理单位对建筑工程项目进行监督。实践中,由于对建筑安全质量不够重视、降低建设成本、片面追求进度等各种原因,有些建设单位不正当地干预工程建设活动的正常进行,造成工程质量降低。对此,本条对建设单位的行为作出限制性规定,建设单位不得以任何理由,要求建筑设计单位或者建筑施工企业在工程设计或者施工作业中,违反法律、行政法规和建筑工程质量、安全标准,降低工程质量。

根据本法第52条的规定,建筑工程勘察、设计、施工的质量必须符合国家有关建筑工程安全标准的要求。建设单位不得违反法律法规关于建筑工程安全和基本使用性能的强制性规定,同时还必须遵守《标准化法》有关保证建筑工程质量、安全的强制性标准,避免造成建筑工程质量的降低。如果建设单位违反法律、行政法规和建筑工程质量、安全标准,降低工程质量,则承包工程的建筑设计单位和建筑施工企业有权依照本条规定予以拒绝。这既是建筑设计单位和建筑施工企业的权利,也是其必须履行的法定义务。

第五十五条 【承包单位质量责任】建筑工程实行总承包的,工程质量由工程总承包单位负责,总承包单位将建筑工程分包给其他单位的,应当对分包工程的质量与分包单位承担连带责任。分包单位应当接受总承包单位的质量管理。

条文注释

根据本法第 24 条第 2 款的规定,建筑工程的发包单位可以将建筑工程的勘察、设计、施工、设备采购一并发包给一个工程总承包单位,也可以将建筑工程勘察、设计、施工、设备采购的一项或者多项发包给一个工程总承包单位;但是,不得将应当由一个承包单位完成的建筑工程肢解成若干部分发包给几个承包单位。根据本法第 29 条第 1、2 款的规定,建筑工程总承包单位可以将承包工程中的部分工程发包给具有相应资质条件的分包单位;但是,除总承包合同中约定的分包外,必须经建设单位认可。建筑工程总承包单位按照总承包合同的约定对建设单位负责;分包单位按照分包合同的约定对总承包单位负责。总承包单位和分包单位就分包工程对建设单位承担连带责任。

本条规定,是在上述两条规定的基础上,对总承包单位和分包单位的质量责任作出的特别规定。工程质量由工程总承包单位负责,即使总承包单位依法将建筑工程分包给其他单位,也要就分包工程的质量与分包单位承担连带责任。因此,总承包单位必须对分包单位进行有效的质量管理,确保分包部分的建筑工程符合法律、行政法规和建筑工程质量、安全标准。如果分包部分的建筑工程出现质量问题,建设单位可以要求总承包单位和分包单位承担连带责任。

第五十六条 【勘察、设计单位质量责任】建筑工程的勘察、设计单位必须对其勘察、设计的质量负责。勘察、设计文件应当符合有关法律、行政法规的规定和建筑工程质量、安全标准、建筑工程勘察、设计技术规范以及合同的约定。设计文件选用的建筑材料、建筑构配件和设备,应当注明其规格、型号、性能等技术指标,其质量要求必须符合国家规定的标准。

条文注释

本条应注意以下三个问题:

第一,建筑工程的勘察、设计单位必须对其勘察、设计的质量负责。建设工程勘察,是指根据建设工程的要求,查明、分析、评价建设场地的地质地理环境特征和岩土工程条件,编制建设工程勘察文件的活动。建设工程设计,是指根据建设工程的要求,对建设工程所需的技术、经济、资源、环境等条件进行综合分析、论证,编制建设工程设计文件的活动。根据《建设工程勘察设计管理条例》第5条第2款的规定,建设工程勘察、设计单位必须依法进行建设工程勘察、设计,严格执行工程建设强制性标准,并对建设工程勘察、设计的质量负责。

第二,勘察、设计文件应当符合有关法律、行政法规的规定和建筑工程质量、安全标准、建筑工程勘察、设计技术规范以及合同的约定。勘察、设计文件应当符合建筑工程相关的法律、行政法规,如《城乡规划法》《土地管理法》《环境保护法》等。勘察、设计文件必须符合建筑工程质量、安全标准。本法第52、54条对于建筑工程必须符合建筑质量、安全标准作出了规定。建筑工程勘察、设计必须遵守建筑工程勘察、设计的强制性技术规范。勘察、设计文件必须符合相关技术规范的要求。勘察、设计文件除须符合法定标准外,还应当符合勘察、设计合同约定的特殊质量要求。勘察、设计合同约定的特殊质量要求不能低于法定标准,勘察、设计文件不符合合同约定的质量要求的,勘察、设计单位应当承担相应的违约责任。

第三,设计文件选用的建筑材料、建筑构配件和设备,应当注明其规格、型号、性能等技术指标,其质量要求必须符合国家规定的标准。根据《建设工程勘察设计管理条例》第27条第1款的规定,设计文件中选用的材料、构配件、设备,应当注明其规格、型号、性能等技术指标,其质量要求必须符合国家规定的标准。

关联法规

《建设工程勘察设计管理条例》第5、25~27、40条

第五十七条 【设计单位行为限制】建筑设计单位对设计文件选用的建筑材料、建筑构配件和设备,不得指定生产厂、供应商。

条文注释

根据本法第56条的规定,设计文件选用的建筑材料、建筑构配件和设备,应当注明其规格、型号、性能等技术指标,其质量要求必须符合国家规定的标准。这是为了确保建筑工程的质量符合国家的强制性标准以及建筑工程合同约定的要求,从而保证建筑工程的质量和安全。本条充分尊重了建设单位即业主的自主选择权,避免建筑设计单位利用制定设计文件的优势地位指定生产厂、供应商。同时,为充分体现公平、平等的市场竞争规则,由符合设计文件技术指标和质量要求的生产厂、供应商通过市场竞争的方式供应建筑材料、建筑构配件和设备。这一规定,一方面有利于推动生产厂、供应商通过科技创新、自主研发提高相关产品的质量,降低产品成本和价格,提高市场竞争力;另一方面也有利于节约建设成本,提高建设单位投资效益,避免建设资金的浪费。

第五十八条 【施工单位质量责任】建筑施工企业对工程的施工质量负责。

建筑施工企业必须按照工程设计图纸和施工技术标准施工,不得偷工减料。工程设计的修改由原设计单位负责,建筑施工企业不得擅自修改工程设计。

条文注释

建筑施工质量是决定建筑工程质量和安全的重要因素。现实中,大量建筑工程的质量和安全隐患或者事故都是建筑工程施工企

业施工不当造成的。实践证明，如果施工质量存在瑕疵，即使设计完好，建筑材料、建筑构配件和设备的质量和技术指标符合要求，也可能造成重大的质量安全事故。因此，本条第1款规定，建筑施工企业对工程的施工质量负责。建筑施工企业必须严格按照工程设计图纸和施工技术标准施工，确保建筑工程的质量和安全。因建筑工程施工质量问题造成相关损害后果的，建筑施工企业应当依法承担相应的法律责任，既包括民事赔偿责任，也包括刑事责任。

工程设计的修改由原设计单位负责，建筑施工企业不得擅自修改工程设计。工程设计图纸是建筑工程施工的重要依据，按照工程设计图纸施工是施工企业必须履行的基本义务。工程设计图纸反映了建设单位对建筑工程在质量、功能、结构等方面的要求，并注明了建筑工程的具体技术指标。因此，建筑工程的施工，包括土建工程、给排水系统、供热采暖系统、电气照明系统等的施工，都必须严格按照施工图纸进行。施工技术标准是建筑施工活动必须遵守的工艺、工序等方面的要求。建筑施工企业必须按照相关主管部门或者企业自身制定的施工技术标准进行施工。建筑施工企业不得违反施工技术标准规定的施工工艺、流程进行施工作业，擅自减少工作量。建筑施工企业不得违反设计文件和施工技术标准的规定，擅自减少建筑原材料的数量或者降低原材料质量。建筑施工企业不得擅自修改工程设计，建筑工程设计需要修改的，应依照法定程序由原设计单位负责。

第五十九条 【材料、构配件和设备的检验】建筑施工企业必须按照工程设计要求、施工技术标准和合同的约定，对建筑材料、建筑构配件和设备进行检验，不合格的不得使用。

条文注释

建筑施工企业对建筑材料、建筑构配件和设备进行检验的依据包括：(1)工程设计要求。建筑施工企业必须按照设计文件规定的建筑材料、建筑构配件和设备的规格、型号、性能等技术要求，对建筑材料等进行检验。对不符合设计文件规定的技术要求的建筑材料、建筑构配件和设备,施工企业不得在工程中使用。(2)施工技术标准。施工技术标准对施工所用的建筑材料、建筑构配件等的质量作出规定的,施工企业必须按照规定进行检验,不符合施工技术标准的,不得使用。(3)建筑工程承包合同约定的技术要求。建筑工程承包合同对工程所使用的建筑材料、建筑构配件和设备的质量有明确约定的,建筑施工企业必须按照合同约定的技术要求进行检验,不符合合同约定要求的,不得使用。

建筑施工企业违反本条规定,在施工中使用不合格的建筑材料、建筑构配件和设备的,应当依法承担法律责任。生产、供应不合格的建筑材料、建筑构配件和设备的生产厂、供应商,也要依照《产品质量法》承担法律责任。

关联法规

《产品质量法》第2、12、26条

> **第六十条 【工程质量要求】**建筑物在合理使用寿命内,必须确保地基基础工程和主体结构的质量。
>
> 建筑工程竣工时,屋顶、墙面不得留有渗漏、开裂等质量缺陷;对已发现的质量缺陷,建筑施工企业应当修复。

条文注释

第一,建筑物在合理使用寿命内,必须确保地基基础工程和主体结构的质量。根据《民用建筑设计统一标准》(GB 50352-2019)第3.2.1条的规定,临时性建筑的设计使用年限为5年;易于替换结构构件的建筑的设计使用年限为25年;普通建筑和构筑物的设计使用年限为50年;纪念性建筑和特别重要的建筑的设计使用年限为100年。建筑企业必须确保建筑物在合理使用寿命内的地基基础工程和主体结构的质量。在建筑物的合理使用寿命内,因地基基础工程或主体结构质量问题造成安全事故的,有关责任者应当依法承担相应的法律责任。

第六章 建筑工程质量管理

第二,建筑工程竣工时,屋顶、墙面不得留有渗漏、开裂等质量缺陷;对已发现的质量缺陷,建筑施工企业应当修复。根据《民法典》第801条的规定,因施工人的原因致使建设工程质量不符合约定的,发包人有权请求施工人在合理期限内无偿修理或者返工、改建。经过修理或者返工、改建后,造成逾期交付的,施工人应当承担违约责任。因此,已竣工的建筑工程如果存在渗漏、开裂等质量缺陷,建筑施工企业应当在合理期限内进行修理或者返工、改建。因质量缺陷造成建设单位损失的,建筑施工企业应当依法承担赔偿责任。

关联法规

《建设工程质量管理条例》第41条

> **第六十一条 【竣工验收】** 交付竣工验收的建筑工程,必须符合规定的建筑工程质量标准,有完整的工程技术经济资料和经签署的工程保修书,并具备国家规定的其他竣工条件。
>
> 建筑工程竣工经验收合格后,方可交付使用;未经验收或者验收不合格的,不得交付使用。

条文注释

建筑工程的竣工验收,是指施工单位按照设计要求完成全部施工后,在交付给建设单位投入使用前,由建设单位组织设计、施工、工程监理等有关单位依照相关规定对该建筑工程进行检验、考核,以确认是否符合规划设计及工程质量标准。建筑工程的竣工验收,是对建设工作的全面考核,是检查是否符合设计要求和工程质量要求的重要环节,对促进建设项目及时投入使用,保证建筑工程的质量和安全,发挥投资效果等具有重要作用。交付竣工验收的建筑工程,必须满足以下条件:

第一,符合规定的建筑工程质量标准。建筑工程质量标准包括两类:一类是法定标准,是指依照法律、行政法规的有关规定制定的保证建筑工程质量和安全的强制性国家标准和行业标准;另一类是工程设计和合同约定标准,是指依照建筑工程设计文件以及建筑工程承包合同确定的建筑工程特殊质量标准。只有符合上述质量标准,不存在质量缺陷的建筑工程,才能验收合格。

第二,有完整的工程技术经济资料。工程技术经济资料,是工程项目竣工验收的重要依据。其一般包括:工程项目竣工报告,技术人员名单,图纸会审,设计交底记录,建筑材料、构配件和设备的质量合格证明和进场检验报告,隐蔽验收记录,施工日志,竣工图等。

第三,有经签署的工程保修书。施工企业依法应当对其施工的建筑工程在一定期限内承担质量保修责任,以维护使用者的合法权益。施工企业应当按规定提供建筑工程质量保修证书,承诺承担质量保修责任。质量保修书中应当明确建设工程的保修范围、保修期限和保修责任等。

第四,具备国家规定的其他竣工条件。这一规定属于兜底性条款。

建筑工程经验收合格的,建设单位应按照约定支付价款,并接收该建设工程;没有经过竣工验收或者经过竣工验收确定为不合格的建筑工程,不得交付使用。由于建设单位想提前获得投资效益等原因,工程在未经验收的情况下提前投产使用导致质量问题的,应当由建设单位承担质量责任。建设单位提前使用的,一般应视为已验收;使用后发现问题的,合同已履行完毕,建筑施工方对竣工验收不负责任。但是,建设单位可依据建筑工程质量保修制度要求施工企业对在保修期限内出现的质量缺陷予以修复。

关联法规
《建设工程质量管理条例》第16、58条

第六十二条 【质量保修】建筑工程实行质量保修制度。
建筑工程的保修范围应当包括地基基础工程、主体结构工程、屋面防水工程和其他土建工程,以及电气管线、上下水管线的安装工程,供热、供冷系统工程等项目;保修的期限应当按照保证建筑物合理寿命年限内正常使用,维护使用者合法权益的原则确定。具体的保修范围和最低保修期限由国务院规定。

条文注释

建筑工程的质量保修制度,是指对建筑工程在竣工验收后规定的保修期内出现的质量缺陷,由施工企业承担修复责任的制度。建筑工程的保修范围包括:(1)地基基础工程和主体结构工程。对此,本法第60条第1款规定,建筑物在合理使用寿命内,必须确保地基基础工程和主体结构的质量。建筑物的地基基础工程和主体结构工程直接决定整个建筑物的质量和安全。因此,施工企业必须保证建筑物地基基础工程和主体结构工程的质量和安全,如果在保修期内发现质量安全隐患,施工企业应当承担维修责任。(2)屋面防水工程。本法第60条第2款规定,建筑工程竣工时,屋顶、墙面不得留有渗漏、开裂等质量缺陷;对已发现的质量缺陷,建筑施工企业应当修复。建筑工程屋面渗透、漏水属于常见的质量缺陷,由此引发了大量的建筑物质量纠纷。为了维护建设单位以及使用者的合法权益,施工企业对于屋面渗透、漏水等质量缺陷,必须依法承担维修责任。(3)其他土建工程。这是指除屋面防水工程以外的其他土建工程,具体包括地面与楼面工程、门窗工程等。(4)电气管线、上下水管线的安装工程。其包括供电线路、供气线路、电气开关、给水管道、排水管道的安装等。(5)供热、供冷系统工程,包括供暖(热)设备、中央空调设备的安装工程等。(6)其他应当保修的项目。该规定属于兜底性条款,授权国务院对具体保修范围作出规定。此外,建设单位还可以通过合同约定由施工企业承担保修责任的具体项目范围。

由于不同类别的建筑工程差异巨大,本法没有对建筑工程的保修期限作具体规定,仅作出了原则性规定。建筑工程的保修期限,应当按照保证建筑物在合理寿命年限内正常使用,维护使用者合法权益的原则确定。此外,国务院有权对最低保修期限作出具体规定。根据《建设工程质量管理条例》第40条的规定,在正常使用条件下,建设工程的最低保修期限为:(1)基础设施工程、房屋建筑的地基基础工程和主体结构工程,为设计文件规定的该工程的合理使用年限;(2)屋面防水工程、有防水要求的卫生间、房间和外墙面的防渗漏,为5年;(3)供热与供冷系统,为2个采暖期、供冷期;(4)电气管线、给排水管道、设备安装和装修工程,为2年。其他项目的保修期限由发包方与承包方约定。建设工程的保修期,自竣工验收合格之日起计算。

关联法规

《房屋建筑工程质量保修办法》

第六十三条 【群众监督】任何单位和个人对建筑工程的质量事故、质量缺陷都有权向建设行政主管部门或者其他有关部门进行检举、控告、投诉。

条文注释

建筑工程的质量不仅涉及建设单位的切身利益,而且直接关系到人民群众的人身和财产安全。因此,任何单位和个人都有权对建筑工程的质量和安全问题进行监督。只有尊重和依法保护群众质量监督的合法权利,充分发挥群众监督的积极性、主动性,才能最大限度地减少建筑工程质量事故、质量缺陷,真正贯彻安全第一、预防为主的方针。建筑工程质量事故,是指由于建筑工程质量不合格而造成的人身伤亡、财产损失的事件。质量缺陷,是指建筑工程的质量不符合国家或行业的相关技术标准、设计文件以及合同的要求的现象。任何单位和个人都有权利向各级建设行政主管部门或者其他有关部门进行检举、控告和投诉。群众监督,有利于提高从事建筑活动的勘察单位、设计单位、施工企业和监理单位加强质量管理,确保建筑工程的质量和安全的责任心。建设行政主管部门和有关部门在接到任何单位和个人的检举、控告、投诉以后,必须依法及时进行查处。

第七章 法律责任

第六十四条 【擅自施工的处罚】违反本法规定,未取得施工许可证或者开工报告未经批准擅自施工的,责令改正,对不符合开工条件的责令停止施工,可以处以罚款。

条文注释

根据本法第7条的规定,建筑工程开工前,建设单位应当按照国家有关规定向工程所在地县级以上人民政府建设行政主管部门申请领取施工许可证;但是,国务院建设行政主管部门确定的限额以下的小型工程除外。按照国务院规定的权限和程序批准开工报告的建筑工程,不再领取施工许可证。施工许可证,是指建筑工程开工之前,建设单位向建筑行政主管部门申请领取的批准施工的文件,是建设单位进行施工的法律凭证。建筑工程施工许可证制度,旨在通过对建筑工程施工应当具备的基本条件进行严格审查,来避免建筑工程不当开工造成人员伤亡及社会财富的巨大损失,避免造成环境破坏和资源浪费。

依照本条规定,对违反建筑工程施工许可的规定擅自施工的行为,应根据不同情况分别作出相应的处理:(1)符合开工条件,但是未取得施工许可证或者开工报告未经批准擅自施工的,有关行政主管部门应依照本条规定责令其改正,即要求建设单位立即补办与施工许可证或开工报告有关的批准手续。(2)未取得施工许可证或者开工报告未经批准擅自施工,并且不符合开工条件的,有关行政主管部门应责令建设单位停止施工,并可以处以罚款。"可以处以罚款"是指是否处以罚款由建设行政主管部门根据违法行为的情节、影响等具体情况决定。根据《建设工程质量管理条例》第57条的规定,建设单位未取得施工许可证或者开工报告未经批准,擅自施工的,责令停止施工,限期改正,处工程合同价款1%以上2%以下的罚款。

第六十五条 【非法发包、承揽的处罚】发包单位将工程发包给不具有相应资质条件的承包单位的,或者违反本法规定将建筑工程肢解发包的,责令改正,处以罚款。

超越本单位资质等级承揽工程的,责令停止违法行为,处以罚款,可以责令停业整顿,降低资质等级;情节严重的,吊销资质证书;有违法所得的,予以没收。

未取得资质证书承揽工程的,予以取缔,并处罚款;有违法所得的,予以没收。

以欺骗手段取得资质证书的,吊销资质证书,处以罚款;构成犯罪的,依法追究刑事责任。

条文注释

(一)发包单位将工程发包给不具有相应资质条件的承包单位的行政处罚

根据本法第22条的规定,在建筑工程发包中,发包单位必须将建筑工程发包给具有相应资质条件的承包单位。承包单位必须依照本法第13条的规定,已取得从事建筑活动的资质证书,并按其资质证书载明的资质等级的许可业务范围内从事建筑活动。发包单位将工程发包给不具有相应资质条件的承包单位的,有关行政执法机关应责令其改正,并处以罚款。行政执法机关有权要求发包单位立即纠正其违法发包的行为,将已发包的工程收回。在这种情况下,已签订的建筑工程承包合同应被认定为无效合同。行政执法机关在责令发包单位改正其违法行为的同时,还应对其处以罚款。建设单位将建设工程发包给不具有相应资质等级的勘察、设计、施工单位或者委托给不具有相应资质等级的工程监理单位的,责令改正,处50万元以上100万元以下的罚款。

(二)发包单位将建筑工程肢解发包的行政处罚

根据本法第24条的规定,提倡对建筑工程实行总承包,禁止将建筑工程肢解发包。建筑工程的发包单位可以将建筑工程的勘察、设计、施工、设备采购一并发包给一个工程总承包单位,也可以将建筑工程勘察、设计、施工、设备采购的一项或者多项发包给一个工程总承包单位;但是,不得将应当由一个承包单位完成的建筑工程肢解成若干部分发包给几个承包单位。发包单位将建筑工程肢解发包的,建设行政主管部门应责令其改正,处以罚款。建设行政主管部门有权要求发包单位收回被肢解发包的工程,对因此造成的损失,由发包单位承担责任。除此之外,建设行政主管部门还有权对发包单位处以罚款。建设单位将建设工程肢解发包的,责令改正,处工程合同价款0.5%以上1%以下的罚款;对全部或者部分使用国有资金的项目,并可以暂停项目执行或者暂停资金拨付。

(三)超越本单位资质等级承揽工程的行政处罚

根据本法第13条的规定,从事建筑活动的建筑施工企业、勘察单位、设计单位和工程监理单位,按照其拥有的注册资本、专业技术人员、技术装备和已完成的建筑工程业绩等资质条件,划分为不同的资质等级,经资质审查合格,取得相应等级的资质证书后,方可在其资质等级许可的范围内从事建筑活动。承包单位超越本单位资质等级许可范围从事建筑活动的,可以给予其以下处罚:(1)责令停止违法行为,处以罚款。建设行政主管部门以行政决定的形式,责令相关单位立即停止超越本单位资质等级从事建筑活动的违法行为,同时对其处罚款。勘察、设计、施工、工程监理单位超越本单位资质等级承揽工程的,责令停止违法行为,对勘察、设计单位或者工程监理单位处合同约定的勘察费、设计费或者监理酬金1倍以上2倍以下的罚款;对施工单位处工程合同价款2%以上4%以下的罚款。(2)责令停业整顿,降低资质等级。被处罚的单位在整顿好后才能按其被降低后的资质等级从事建筑活动;建设行政主管部门也可以根据具体情节仅责令相关单位停业整顿,不降低其资质等级。(3)对情节严重的,吊销资质证书。企业从事建筑相关业务活动必须依法取得相关资质证书,并在资质等级许可范围内进行。吊销资质证书,即依法剥夺了建筑企业从事建筑活动的合法资格,属于较为严厉的行政处罚措施。例如,建筑企业采用恶劣的欺骗手段越级承包、多次越级承包、超越多级承包或者造成严重损害后果等的,均可适用该处罚措施。(4)对承包单位超越资质等级承揽业务获得的违法所得,予以没收。

(四)未取得资质证书承揽工程的行为的行政处罚

根据本法第13条的规定,从事建筑活动的建筑施工企业、勘察单位、设计单位和工程监理单位,按照一定的资质条件,划分为不同的资质等级,经资质审查合格,取得相应等级的资质证书后,方可在其资质等级许可的范围内从事建筑活动。因此,建筑企业从事建筑活动必备的前提条件之一,就是依法取得相应的资质等级证书。对未依法取得资质证书而承揽工程的行为,由有关建设行政主管部门予以取缔,并处以罚款;违法承揽工程所签订的工程承包合同应认定为无效合同;未取得资质证书承揽工程的,对取得的违法所得予以没收。

(五)以欺骗手段取得资质证书的法律责任

以欺骗手段取得资质证书,是指建筑施工企业、勘察单位、设计单位和工程监理单位通过谎报、捏造其拥有的注册资金、专业技术人员、技术装备和已完成的建筑工程业绩等手段欺骗资质等级主管部门从而取得资质证书的行为。以欺骗手段取得资质证书的,由行政执法机关吊销该资质证书,并处以罚款。

第六十六条 【非法转让工程责任】建筑施工企业转让、出借资质证书或者以其他方式允许他人以本企业的名义承揽工程的,责令改正,没收违法所得,并处罚款,可以责令停业整顿,降低资质等级;情节严重的,吊销资质证书。对因该项承揽工程不符合规定的质量标准造成的损失,建筑施工企业与使用本企业名义的单位或者个人承担连带赔偿责任。

条文注释

根据本法第26条第2款的规定,禁止建筑施工企业超越本企业资质等级许可的业务范围或者以任何形式用其他建筑施工企业的名义承揽工程。禁止建筑施工企业以任何形式允许其他单位或者个人使用本企业的资质证书、营业执照,以本企业的名义承揽工程。建筑工程质量关系到人民群众的人身和财产安全,确保建筑工程的质量和安全是本法的基本任务。建筑施工企业,除应当具有营业执照以外,还必须依法取得相应的资质证书。建筑施工企业应当依法持有资质证书,并只能在其资质等级许可的范围内承揽工程,禁止建筑施工企业超越本企业资质等级许可的业务范围承揽工程。实践中,部分建筑施工企业将其依法取得的资质证书转让或者借给其他资质等级较低或者不具备资质条件的施工单位使用,并从中谋取非法利益。所谓"挂靠""联营"等方式,使大量不具有合法资质等级的单位或个人进入建筑市场承揽工程,严重危害建筑工程的质量和安全,必须依法予以禁止。

根据本条规定,建筑施工企业转让、出借本企业的资质证书或者以其他方式允许他人以本企业的名义承揽工程的法律责任,包括以下几类:(1)责令改正。建设行政主管部门责令建筑施工企业收回其转让、出借的资质证书;责令使用该企业名义承揽工程的单位和个人停止工程施工。在这种情况下,已签订的工程建筑合同应被认定为无效合同。(2)没收违法所得。建筑施工企业转让、出借资质证书或者以其他方式允许他人以本企业的名义承揽工程,有违法所得的,应当予以没收。(3)罚款。建设行政主管部门在没收建筑施工企业违法所得的同时,还要对其处以罚款。这样才更能体现行政处罚的惩罚性特点,提高建筑施工企业的违法成本,对上述违法行为起到有效的预防作用。(4)责令停业整顿,降低资质等级。建设行政主管部门根据违法行为的具体情节、损害后果等情形,可以给予建筑施工企业责令停业整顿、降低资质等级的处罚。(5)吊销资质证书。违法行为情节严重,损害后果巨大的,建设行政主管部门依法吊销建筑施工企业的资质证书。(6)对因承揽工程不符合规定的质量标准造成的损失,建筑施工企业与使用本企业名义的单位或者个人承担连带赔偿的民事责任。所谓"连带责任",是指对于上述损失,建筑施工企业与使用本企业名义的单位或者个人任何一方都有义务全部赔偿。

第六十七条 【转包、非法分包责任】承包单位将承包的工程转包的,或者违反本法规定进行分包的,责令改正,没收违法所得,并处罚款,可以责令停业整顿,降低资质等级;情节严重的,吊销资质证书。

承包单位有前款规定的违法行为的,对因转包工程或者违法分包的工程不符合规定的质量标准造成的损失,与接受转包或者分包的单位承担连带赔偿责任。

条文注释

(一)承包单位将承包的工程转包、非法分包的行政责任

本法第 28 条规定,禁止承包单位将其承包的全部建筑工程转包给他人,禁止承包单位将其承包的全部建筑工程肢解以后分包的名义分别转包给他人。转包(又称违法转包),是指建筑工程的承包方将其承包的建筑工程转让给第三人,使受让人成为建筑工程的实际承包方的行为。承包方按照承包合同的约定或者经发包方(建设单位)同意,可以将其承包的部分工程分包给他人,本法第 29 条对此有明确规定。但有的承包单位利用法律允许分包的规定,将其承包的全部工程分解成若干部分,再将各部分以分包的名义分别转包给他人,自己没有实际履行承包合同约定的义务,却通过转包从中获利。这种规避法律的行为,具有严重的危害性。因此,本条规定了承包单位将承包的工程转包、非法分包的行政法律责任,主要包括:(1)责令改正。建设行政主管部门责令承包单位将其转包的工程收回,此时违法签订的转包合同应被认定为无效合同。(2)没收违法所得。承包单位进行转包、非法分包,往往是为了通过中间加价的方式获取不正当利益。该不正当利益属于违法所得,必须予以没收。(3)罚款。除了没收违法所得外,建设行政主管部门还有权对违法者并处罚款,使行政处罚具有更强的惩罚性,起到更好的预防违法行为的执法效果。(4)根据违法行为的具体情节、损害后果

等情形,还可以责令承包单位停业整顿,降低其资质等级。(5)情节严重的,吊销资质证书,使承包单位丧失继续从事建筑活动的合法资格。

(二)承包单位将承包的工程转包、非法分包的民事责任

对因转包的工程不符合规定的质量标准给建设单位或者其他权利人造成的损失,转包的承包单位应当与接受转包的单位承担连带赔偿责任。建设单位或者其他权利人有权要求承包单位、接受转包的单位中的任何一方承担全部的赔偿责任。对因违法分包的工程不符合规定的质量标准造成的损失,违法分包的单位应与接受分包的单位承担连带赔偿的民事责任。

第六十八条 【索贿、受贿、行贿责任】在工程发包与承包中索贿、受贿、行贿,构成犯罪的,依法追究刑事责任;不构成犯罪的,分别处以罚款,没收贿赂的财物,对直接负责的主管人员和其他直接责任人员给予处分。

对在工程承包中行贿的承包单位,除依照前款规定处罚外,可以责令停业整顿,降低资质等级或者吊销资质证书。

`条文注释`

(一)在工程发包与承包中索贿、受贿、行贿的刑事责任

本法第17条规定,发包单位及其工作人员在建筑工程发包中不得收受贿赂、回扣或者索取其他好处。承包单位及其工作人员不得利用向发包单位及其工作人员行贿、提供回扣或者给予其他好处等不正当手段承揽工程。

第一,行贿犯罪。根据《刑法》第389条第1、2款的规定,为谋取不正当利益,给予国家工作人员以财物的,构成行贿罪。在经济往来中,违反国家规定,给予国家工作人员以财物,数额较大的,或者违反国家规定,给予国家工作人员以各种名义的回扣、手续费的,以行贿论处。第390条第1款规定,对犯行贿罪的,处3年以下有期徒刑或者拘役,并处罚金;因行贿谋取不正当利益,情节严重的,或者

使国家利益遭受重大损失的,处3年以上10年以下有期徒刑,并处罚金;情节特别严重的,或者使国家利益遭受特别重大损失的,处10年以上有期徒刑或者无期徒刑,并处罚金或者没收财产。根据《刑法》第393条的规定,单位为谋取不正当利益而行贿,或者违反国家规定,给予国家工作人员以回扣、手续费,情节严重的,对单位判处罚金,并对其直接负责的主管人员和其他直接责任人员,处3年以下有期徒刑或者拘役,并处罚金;情节特别严重的,处3年以上10年以下有期徒刑,并处罚金。因行贿取得的违法所得归个人所有的,依照《刑法》第389、390条的规定定罪处罚。在工程承包中的行贿行为构成犯罪的,应依照《刑法》的上述规定追究刑事责任。

第二,受贿犯罪。根据《刑法》第385条的规定,国家工作人员利用职务上的便利,索取他人财物的,或者非法收受他人财物,为他人谋取利益的,是受贿罪。国家工作人员在经济往来中,违反国家规定,收受各种名义的回扣、手续费,归个人所有的,以受贿论处。第388条规定:"国家工作人员利用本人职权或者地位形成的便利条件,通过其他国家工作人员职务上的行为,为请托人谋取不正当利益,索取请托人财物或者收受请托人财物的,以受贿论处。"第387条规定的是单位受贿罪:"国家机关、国有公司、企业、事业单位、人民团体,索取、非法收受他人财物,为他人谋取利益,情节严重的,对单位判处罚金,并对其直接负责的主管人员和其他直接责任人员,处三年以下有期徒刑或者拘役;情节特别严重的,处三年以上十年以下有期徒刑。前款所列单位,在经济往来中,在帐外暗中收受各种名义的回扣、手续费,以受贿论,依照前款的规定处罚。"

(二)在工程发包与承包中索贿、受贿、行贿的行政责任

在工程发包与承包中索贿、受贿、行贿,情节轻微,不构成犯罪的,依法应当承担行政责任。该行政责任包括:(1)处以罚款;(2)没收贿赂的财物;(3)对直接负责的主管人员和其他直接责任人员给予处分,包括警告、记过、记大过、降级、撤职、留用察看、开除等。依照本条第2款的规定,对在工程承包中行贿的承包单位,可以给予责令停业整顿,降低资质等级或者吊销资质证书的行政处罚。

第七章 法律责任

> **第六十九条 【非法监理责任】**工程监理单位与建设单位或者建筑施工企业串通,弄虚作假、降低工程质量的,责令改正,处以罚款,降低资质等级或者吊销资质证书;有违法所得的,予以没收;造成损失的,承担连带赔偿责任;构成犯罪的,依法追究刑事责任。
>
> 工程监理单位转让监理业务的,责令改正,没收违法所得,可以责令停业整顿,降低资质等级;情节严重的,吊销资质证书。

条文注释

(一)工程监理单位与建设单位或者建筑施工企业串通,弄虚作假、降低工程质量的法律责任

本法第4章专门规定了建筑工程监理的相关具体制度。工程监理单位应当根据建设单位的委托,客观、公正地执行监理任务。建设单位通过与工程监理单位签订委托监理书面合同的方式,委托工程监理单位依照法律、行政法规和有关的技术标准、设计文件和建筑工程承包合同,对承包单位在施工质量、建设工期和建设资金使用等方面,代表建设单位实施监督。工程监理单位与建设单位或者建筑施工企业串通,弄虚作假、降低工程质量的,应当依照本条的规定追究其相应的法律责任。其责任形式主要包括:(1)责令改正。建设行政主管部门以行政决定的方式要求工程监理单位立即纠正其违法行为。(2)罚款。根据《建设工程质量管理条例》第67条的规定,工程监理单位与建设单位或者施工单位串通,弄虚作假、降低工程质量的,可以处50万元以上100万元以下的罚款。根据《建设工程质量管理条例》第68条的规定,违反该条例规定,工程监理单位与被监理工程的施工承包单位以及建筑材料、建筑构配件和设备供应单位有隶属关系或者其他利害关系承担该项建设工程的监理业务的,责令改正,处5万元以上10万元以下的罚款。(3)降低其资质等级;情节严重的,吊销其资质证书,取消其继续从事工程监理

活动的资格。(4)没收违法所得。对工程监理单位实施违法行为所取得的违法收入予以没收。(5)给他人造成损失的,工程监理单位应与建设单位或者建筑施工企业承担连带赔偿的民事责任。(6)构成犯罪的,依法追究刑事责任。《刑法》第137条规定,建设单位、设计单位、施工单位、工程监理单位违反国家规定,降低工程质量标准,造成重大安全事故的,对直接责任人员,处5年以下有期徒刑或者拘役,并处罚金;后果特别严重的,处5年以上10年以下有期徒刑,并处罚金。

(二)工程监理单位转让工程监理业务的法律责任

工程监理单位基于委托监理合同的约定,接受建设单位的委托履行工程监理的义务。委托监理合同属于委托合同的一种,委托人出于对受托人的信任签订委托合同,因此接受委托履行监理义务的工程监理单位不得转让工程监理业务。工程监理单位转让工程监理业务应承担的法律责任包括:(1)责令改正。建设行政主管部门责令工程监理单位立即纠正其转让工程监理业务的行为,此时违法订立的转让工程监理业务的合同属于无效合同。(2)没收违法所得。对工程监理单位通过中间加价的形式转让工程监理业务所获得的违法利益予以没收。(3)责令停业整顿,降低资质等级。(4)情节严重的,吊销其资质证书,取消其从事工程监理活动的资格。

第七十条 【擅自变动施工责任】违反本法规定,涉及建筑主体或者承重结构变动的装修工程擅自施工的,责令改正,处以罚款;造成损失的,承担赔偿责任;构成犯罪的,依法追究刑事责任。

条文注释

本法第49条规定,涉及建筑主体和承重结构变动的装修工程,建设单位应当在施工前委托原设计单位或者具有相应资质条件的设计单位提出设计方案;没有设计方案的,不得施工。建筑主体或者承重结构的质量直接决定整个建筑物的质量和安全。因此,涉及建筑主体或者承重结构变动的装修工程必须依法进行,擅自进行施工的,依照本条应当承担以下法律责任:(1)责令改正。建设行政主管部门责令施工单位立即停止施工;在建设单位委托的原设计单位或者具有相应资质条件的设计单位提出设计方案后,施工单位方可继续施工。(2)罚款。根据《建设工程质量管理条例》第69条第1款的规定,涉及建筑主体或者承重结构变动的装修工程,没有设计方案擅自施工的,责令改正,处50万元以上100万元以下的罚款;房屋建筑使用者在装修过程中擅自变动房屋建筑主体和承重结构的,责令改正,处5万元以上10万元以下的罚款。(3)造成损失的,由责任者承担民事赔偿责任。(4)构成犯罪的,依法追究刑事责任。《刑法》第137条规定,建设单位、设计单位、施工单位、工程监理单位违反国家规定,降低工程质量标准,造成重大安全事故的,对直接责任人员,处5年以下有期徒刑或者拘役,并处罚金;后果特别严重的,处5年以上10年以下有期徒刑,并处罚金。

第七十一条 【安全事故责任】建筑施工企业违反本法规定,对建筑安全事故隐患不采取措施予以消除的,责令改正,可以处以罚款;情节严重的,责令停业整顿,降低资质等级或者吊销资质证书;构成犯罪的,依法追究刑事责任。

建筑施工企业的管理人员违章指挥、强令职工冒险作业,因而发生重大伤亡事故或者造成其他严重后果的,依法追究刑事责任。

条文注释

(一)建筑施工企业对建筑安全事故隐患不采取措施予以消除的法律责任

建筑施工企业对建筑安全事故隐患不采取措施予以消除所应承担的法律责任包括:(1)责令改正。建设行政主管部门责令建筑施工企业限期消除建筑安全事故隐患。(2)罚款。建设行政主管部门根据建筑施工企业违法情节的轻重,责令其缴纳一定数额的金钱。(3)责令停业整顿。若建筑施工企业的违法行为情节严重,如对重大的建筑安全事故隐患不采取措施予以消除,或者经有关主管部门指出其存在的建筑安全事故隐患并要求其改正后仍不采取改正措施,或因安全事故隐患导致发生重大安全事故,则颁发资质证书的机关有权责令其停业整顿,整顿后符合相关规定和标准的,可以恢复生产施工。(4)降低资质等级。颁发资质证书的机关在建筑施工企业原有资质等级的基础上降低其等级,使其从事建筑施工业务活动的范围缩小。被降低资质等级的建筑施工企业,可以在1年后申请恢复资质等级。(5)吊销资质证书。吊销资质证书,即剥夺建筑施工企业从事建筑施工业务活动的合法资格,是颁发资质证书的机关对建筑施工企业采取的最为严厉的行政处罚措施。(6)构成犯罪的,依法追究刑事责任。根据《刑法》第134条第1款的规定,在生产、作业中违反有关安全管理的规定,因而发生重大伤亡事故或者造成其他严重后果的,处3年以下有期徒刑或者拘役;情节特别恶劣的,处3年以上7年以下有期徒刑。

(二)建筑施工企业的管理人员违章指挥、强令职工冒险作业,因而发生重大伤亡事故或者造成其他严重后果的法律责任

依照本法第47条的规定,建筑施工企业和作业人员在施工过程中,应当遵守有关安全生产的法律、法规和建筑行业安全规章、规程,不得违章指挥或者违章作业。根据《刑法》第134条第2款的规定,强令他人违章冒险作业……因而发生重大伤亡事故或者造成其他严重后果的,处5年以下有期徒刑或者拘役;情节特别恶劣的,处5年以上有期徒刑。

第七十二条 【降低质量责任】建设单位违反本法规定,要求建筑设计单位或者建筑施工企业违反建筑工程质量、安全标准,降低工程质量的,责令改正,可以处以罚款;构成犯罪的,依法追究刑事责任。

条文注释

根据本法第54条的规定,建设单位不得以任何理由,要求建筑

设计单位或者建筑施工企业在工程设计或者施工作业中,违反法律、行政法规和建筑工程质量、安全标准,降低工程质量。建筑设计单位和建筑施工企业对建设单位违反前款规定提出的降低工程质量的要求,应当予以拒绝。实践中,建设单位经常以资金不足、追求进度、压缩工期等为由,要求建筑设计单位或者建筑施工单位违反建筑工程质量、安全标准,降低工程质量。这种行为会严重危害建筑工程的质量和安全。建设单位违法要求建筑设计单位或者建筑施工企业降低工程质量的,应承担以下法律责任:(1)责令改正。建设行政主管部门责令建设单位收回其对建筑设计单位或施工企业提出的违法降低工程质量的要求;对已经按建设单位的违法要求作出的设计或进行的施工,建筑设计单位或施工企业应当采取相应的补救措施,消除安全隐患。(2)罚款。建设行政主管部门根据建设单位违法行为的情节轻重、影响大小等,决定是否对建设单位予以经济处罚。(3)构成犯罪的,依法追究刑事责任。根据《刑法》第137条的规定,建设单位、设计单位、施工单位、工程监理单位违反国家规定,降低工程质量标准,造成重大安全事故的,对直接责任人员,处5年以下有期徒刑或者拘役,并处罚金;后果特别严重的,处5年以上10年以下有期徒刑,并处罚金。

关联法规

《建筑工程五方责任主体项目负责人质量终身责任追究暂行办法》;《建筑施工项目经理质量安全责任十项规定(试行)》

第七十三条 【非法设计责任】建筑设计单位不按照建筑工程质量、安全标准进行设计的,责令改正,处以罚款;造成工程质量事故的,责令停业整顿,降低资质等级或者吊销资质证书,没收违法所得,并处罚款;造成损失的,承担赔偿责任;构成犯罪的,依法追究刑事责任。

条文注释

根据本法第56条的规定,建筑工程的勘察、设计单位必须对其勘察、设计的质量负责。勘察、设计文件应当符合有关法律、行政法规的规定和建筑工程质量、安全标准、建筑工程勘察、设计技术规范以及合同的约定。建筑设计单位不按照建筑工程质量、安全标准进行设计的,应承担以下法律责任:

(一)责令改正,处以罚款

建筑设计单位不按照建筑工程质量、安全标准进行工程设计,未造成工程质量事故的,由建设行政主管部门责令其改正不符合建筑工程质量、安全标准的设计,同时对该建筑设计单位处以罚款。根据《建设工程质量管理条例》第63条第1款的规定,设计单位未按照工程建设强制性标准进行设计的,处10万元以上30万元以下的罚款。

(二)造成工程质量事故的,责令停业整顿,降低资质等级或者吊销资质证书,没收违法所得,并处罚款

责令停业整顿,是指颁发资质证书的机关责令建筑设计单位停止从事建筑设计业务活动,进行整顿。整顿后,经过审查合格的,可以恢复营业。降低其资质等级或者吊销其资质证书,是指颁发资质证书的机关,对建筑设计单位不按建筑工程质量、安全标准进行设计,造成工程质量事故的,根据违法情节的严重程度,降低建筑设计单位的资质等级或者吊销其资质证书,取消其从事建筑设计业务活动的资格。没收违法所得,并处罚款,即没收建筑设计单位通过违法设计取得的收入,同时对其处以罚款。

(三)造成损失的,承担赔偿责任

赔偿责任,是指建筑设计单位的违法设计导致建筑工程质量事故,给相关主体造成损失的,由该建筑设计单位承担损害赔偿的民事责任。

(四)构成犯罪的,依法追究刑事责任

根据《刑法》第137条的规定,建设单位、设计单位、施工单位、工程监理单位违反国家规定,降低工程质量标准,造成重大安全事故的,对直接责任人员,处5年以下有期徒刑或者拘役,并处罚金;后果特别严重的,处5年以上10年以下有期徒刑,并处罚金。

第七章 法律责任

> **第七十四条 【非法施工责任】**建筑施工企业在施工中偷工减料的,使用不合格的建筑材料、建筑构配件和设备的,或者有其他不按照工程设计图纸或者施工技术标准施工的行为的,责令改正,处以罚款;情节严重的,责令停业整顿,降低资质等级或者吊销资质证书;造成建筑工程质量不符合规定的质量标准的,负责返工、修理,并赔偿因此造成的损失;构成犯罪的,依法追究刑事责任。

条文注释

建筑工程勘察、设计、施工的质量必须符合国家有关建筑工程安全标准的要求。本法第 58 条第 1 款规定,建筑施工企业对工程的施工质量负责。第 59 条规定,建筑施工企业必须按照工程设计要求、施工技术标准和合同的约定,对建筑材料、建筑构配件和设备进行检验,不合格的不得使用。为此,本条对建筑施工企业在施工中偷工减料的,使用不合格的建筑材料、建筑构配件和设备的,或者有其他不按照工程设计图纸或者施工技术标准施工的行为的法律责任作出规定。根据本条规定,建筑施工企业的法律责任包括:

(一)责令改正,处以罚款

建筑施工企业在施工中偷工减料的,使用不合格的建筑材料、建筑构配件和设备的,或者有其他不按照工程设计图纸或者施工技术标准施工的行为的,由建设行政主管部门责令其停止违法行为,并予以改正。根据《建设工程质量管理条例》第 64 条中的规定,违反该条例规定,施工单位在施工中偷工减料的,使用不合格的建筑材料、建筑构配件和设备的,或者有不按照工程设计图纸或者施工技术标准施工的其他行为的,责令改正,处工程合同价款 2% 以上 4% 以下的罚款。

(二)情节严重的,责令停业整顿,降低资质等级或者吊销资质证书

责令停业整顿,是指颁发资质证书的机关责令建筑施工企业停

止偷工减料,使用不合格的建筑材料等违法行为,进行整顿。整顿后,经过审查合格的,可以恢复施工。降低其资质等级或者吊销其资质证书,是指颁发资质证书的机关,根据建筑施工企业违法行为的具体情节和损害后果,降低建筑施工企业的资质等级或者吊销其资质证书。

(三)造成建筑工程质量不符合规定的质量标准的,负责返工、修理,并赔偿因此造成的损失

建筑施工企业在施工中偷工减料,使用不合格的建筑材料、建筑构配件和设备,或者有其他不按照工程设计图纸或者施工技术标准施工的行为,造成建筑工程质量不符合规定的质量标准的,应通过修理或者返工的方式使建筑工程质量符合标准。

(四)构成犯罪的,依法追究刑事责任

根据《刑法》第137条的规定,建设单位、设计单位、施工单位、工程监理单位违反国家规定,降低工程质量标准,造成重大安全事故的,对直接责任人员,处5年以下有期徒刑或者拘役,并处罚金;后果特别严重的,处5年以上10年以下有期徒刑,并处罚金。

第七十五条 【违反保修义务责任】建筑施工企业违反本法规定,不履行保修义务或者拖延履行保修义务的,责令改正,可以处以罚款,并对在保修期内因屋顶、墙面渗漏、开裂等质量缺陷造成的损失,承担赔偿责任。

条文注释

根据本法第62条的规定,建筑工程实行质量保修制度。建筑工程的保修范围应当包括地基基础工程、主体结构工程、屋面防水工程和其他土建工程,以及电气管线、上下水管线的安装工程,供热、供冷系统工程等项目;保修的期限应当按照保证建筑物合理寿命年限内正常使用,维护使用者合法权益的原则确定。建筑施工企业违反本法规定,不履行保修义务或者拖延履行保修义务的,应当承担以下法律责任:

（一）责令改正

责令改正，是指建设行政主管部门责令建筑施工企业立即履行保修义务。根据2000年6月30日发布实施的《房屋建筑工程质量保修办法》第18条的规定，施工单位有下列行为之一的，由建设行政主管部门责令改正，并处1万元以上3万元以下的罚款：(1)工程竣工验收后，不向建设单位出具质量保修书的；(2)质量保修的内容、期限违反该办法规定的。

（二）可处以罚款

建设行政主管部门对不依法履行保修义务的施工企业，根据其违法情节决定是否处以罚款。根据《房屋建筑工程质量保修办法》第19条的规定，施工单位不履行保修义务或者拖延履行保修义务的，由建设行政主管部门责令改正，处10万元以上20万元以下的罚款。

（三）对于在保修期内因屋顶、墙面渗漏、开裂等质量缺陷造成的损失，施工企业应承担赔偿损失的民事责任

在保修期内，因房屋建筑工程质量缺陷造成房屋所有人、使用人或者第三方人身、财产损害的，房屋所有人、使用人或者第三方可以向建设单位提出赔偿要求。建设单位向造成房屋建筑工程质量缺陷的责任方追偿。根据《房屋建筑工程质量保修办法》第15条的规定，因保修不及时造成新的人身、财产损害，由造成拖延的责任方承担赔偿责任。

关联法规

《房屋建筑工程质量保修办法》第4、9、12、14、15、18、19条

第七十六条 【处罚机关】 本法规定的责令停业整顿、降低资质等级和吊销资质证书的行政处罚，由颁发资质证书的机关决定；其他行政处罚，由建设行政主管部门或者有关部门依照法律和国务院规定的职权范围决定。

依照本法规定被吊销资质证书的，由工商行政管理部门吊销其营业执照。

条文注释

根据《行政处罚法》第9条的规定,行政处罚的种类包括:(1)警告、通报批评;(2)罚款、没收违法所得、没收非法财物;(3)暂扣许可证件、降低资质等级、吊销许可证件;(4)限制开展生产经营活动、责令停产停业、责令关闭、限制从业;(5)行政拘留;(6)法律、行政法规规定的其他行政处罚。本法规定了五类行政处罚:(1)罚款;(2)没收违法所得;(3)责令停业整顿;(4)降低资质等级;(5)吊销资质证书。

第一,责令停业整顿、降低资质等级和吊销资质证书的行政处罚,由颁发资质证书的机关决定。对施工企业、勘察单位、设计单位或工程监理单位实施的违法行为,给予责令停业整顿、降低资质等级或吊销资质证书的行政处罚的,由颁发资质证书的行政机关决定。颁发资质等级证书的机关,对企业的注册资金、技术人员、技术装备、完成工程的业绩等进行全面审查,然后予以颁证确认。对从事建筑活动资格的确认和限制、剥夺,应由同一行政主管部门实施。这样,有利于相关标准的统一,便于公正、客观地实施相关行政处罚。

第二,其他行政处罚,由建设行政主管部门或者有关部门依照法律和国务院规定的职权范围决定。罚款和没收违法所得的实施机关由国务院规定。建设行政机关部门和有关行政主管部门依照法律和国务院规定,对违反本法规定的行为依法作出罚款和没收违法所得的行政处罚。

第三,依照本法规定被吊销资质证书的,由工商行政管理部门吊销其营业执照。工商行政管理部门是营业执照的颁发机关。施工企业、勘察单位、设计单位或工程监理单位被吊销资质证书的,已经丧失依法从事建筑业务活动的资格,无法继续从事营业执照经营范围内的相关经营活动,因此工商行政管理部门应当吊销其营业执照。

第七十七条 【非法颁证责任】违反本法规定,对不具备相应资质等级条件的单位颁发该等级资质证书的,由其上级机关责令收回所发的资质证书,对直接负责的主管人员和其他直接责任人员给予行政处分;构成犯罪的,依法追究刑事责任。

【条文注释】

从事建筑活动的建筑施工企业、勘察单位、设计单位和工程监理单位,按照其所拥有的注册资本、专业技术人员、技术装备和已完成的建筑工程业绩等资质条件,划分为不同的资质等级,经过资质条件审查合格,取得相应等级的资质证书后,方可在其资质等级许可的范围内从事建筑活动。颁发资质等级证书的机关及其工作人员必须依照法律规定对从事建筑活动的单位严格审查,根据具体的审查结果颁发相应的资质等级证书。由于工作人员疏忽大意、玩忽职守或者以权谋私等各种原因,实践中存在向不具备相应资质等级条件的单位颁发该等级资质证书的现象。这种现象严重危害了建筑市场的正常竞争秩序,并容易引发建筑工程质量和安全事故。因此,必须对不依法履行审查、颁证职责的行政机关及其工作人员追究相应的法律责任。

(一)由其上级机关责令收回所发的资质证书,对直接负责的主管人员和其他直接责任人员给予行政处分

根据《建筑业企业资质管理规定》第41条的规定,县级以上人民政府住房城乡建设主管部门及其工作人员,违反本规定,有下列情形之一的,由其上级行政机关或者监察机关责令改正;对直接负责的主管人员和其他直接责任人员,依法给予行政处分;直接负责的主管人员和其他直接责任人员构成犯罪的,依法追究刑事责任:(1)对不符合资质标准规定条件的申请企业准予资质许可的;(2)对符合受理条件的申请企业不予受理或者未在法定期限内初审完毕的;(3)对符合资质标准规定条件的申请企业不予许可或者不在法定期限内准予资质许可的;(4)发现违反本规定规定的行为不予查

处,或者接到举报后不依法处理的;(5)在企业资质许可和监督管理中,利用职务上的便利,收受他人财物或者其他好处,以及有其他违法行为的。

(二)构成犯罪的,依法追究刑事责任

《刑法》第397条规定:"国家机关工作人员滥用职权或者玩忽职守,致使公共财产、国家和人民利益遭受重大损失的,处三年以下有期徒刑或者拘役;情节特别严重的,处三年以上七年以下有期徒刑。本法另有规定的,依照规定。国家机关工作人员徇私舞弊,犯前款罪的,处五年以下有期徒刑或者拘役;情节特别严重的,处五年以上十年以下有期徒刑。本法另有规定的,依照规定。"

> **第七十八条 【限定发包责任】**政府及其所属部门的工作人员违反本法规定,限定发包单位将招标发包的工程发包给指定的承包单位的,由上级机关责令改正;构成犯罪的,依法追究刑事责任。

条文注释

本法第23条明确规定,政府及其所属部门不得滥用行政权力,限定发包单位将招标发包的建筑工程发包给指定的承包单位。在建筑工程市场,为了保证投标单位遵循公开、公平、公正的原则,享有平等竞争的机会,政府及其所属部门不得滥用权力,非法干预建筑工程招投标活动的正常进行。政府及其所属部门的工作人员违反本法规定,限定发包单位将招标发包的工程发包给指定的承包单位的,承担以下法律责任:(1)责令改正。由政府及其所属部门的上级机关责令其改正违法行为。(2)构成犯罪的,依法追究刑事责任。本条规定可能涉及的犯罪主要包括滥用职权罪、受贿罪等。

第七十九条 【非法颁证、验收责任】负责颁发建筑工程施工许可证的部门及其工作人员对不符合施工条件的建筑工程颁发施工许可证的,负责工程质量监督检查或者竣工验收的部门及其工作人员对不合格的建筑工程出具质量合格文件或者按合格工程验收的,由上级机关责令改正,对责任人员给予行政处分;构成犯罪的,依法追究刑事责任;造成损失的,由该部门承担相应的赔偿责任。

条文注释

施工许可证,是指建筑工程开工之前,建设单位向建筑行政主管部门申请领取的批准施工的文件,是建设单位进行工程施工的法律凭证。建筑工程施工许可证制度,旨在通过对建筑工程施工应当具备的基本条件进行严格审查,避免建筑工程不当开工造成人员伤亡及社会财富的巨大损失,避免造成环境破坏和资源浪费。根据本法第7条第1款的规定,建筑工程开工前,建设单位应当按照国家有关规定向工程所在地县级以上人民政府建设行政主管部门申请领取施工许可证;但是,国务院建设行政主管部门确定的限额以下的小型工程除外。负责对建筑工程颁发施工许可证的部门及其工作人员,应当依法对申请开工的建筑工程是否符合本法第8条规定的条件进行认真审查,对符合条件的建筑工程颁发施工许可证。负责颁发建筑工程施工许可证的部门及其工作人员违反法律的规定,对不符合开工条件的建筑工程颁发施工许可证的,应依照本条的规定追究其法律责任。

建筑工程的竣工验收,是指施工单位按照设计要求完成全部施工后,在交付给建设单位投入使用前,由建设单位组织设计、施工、工程监理等有关单位依照相关规定对该建筑工程进行检验、考核,以确认是否符合规划设计及工程质量标准。根据本法第61条的规定,交付竣工验收的建筑工程,必须符合规定的建筑工程质量标准,有完整的工程技术经济资料和经签署的工程保修书,并具备国家规定的其他竣工条件。建筑工程竣工经验收合格后,方可交付使用;未经验收或者验收不合格的,不得交付使用。

负责颁发建筑工程施工许可证的部门及其工作人员对不符合施工条件的建筑工程颁发施工许可证的,负责工程质量监督检查或者竣工验收的部门及其工作人员对不合格的建筑工程出具质量合格文件或者按照合格工程验收的,应承担的法律责任包括:(1)责令改正。由上级机关责令改正,收回颁发的施工许可证或者工程质量合格文件;对不合格的建筑工程按合格工程验收的,其验收无效。(2)对责任人员给予相应的行政处分。(3)构成犯罪的,依法追究刑事责任。本条规定可能涉及的犯罪,主要包括滥用职权罪、玩忽职守罪和受贿罪。(4)造成损失的,由该部门承担相应的赔偿责任。

第八十条 【损害赔偿】在建筑物的合理使用寿命内,因建筑工程质量不合格受到损害的,有权向责任者要求赔偿。

条文注释

根据本法第56条的规定,建筑工程的勘察、设计单位必须对其勘察、设计的质量负责。根据《建设工程勘察设计管理条例》第5条第2款的规定,建设工程勘察、设计单位必须依法进行建设工程勘察、设计,严格执行工程建设强制性标准,并对建设工程勘察、设计的质量负责。勘察、设计文件应当符合有关法律、行政法规的规定,建筑工程质量、安全标准,建筑工程勘察、设计技术规范以及合同的约定。设计文件选用的建筑材料、建筑构配件和设备,应当注明其规格、型号、性能等技术指标,其质量要求必须符合国家规定的标准。本法第58条规定,建筑施工企业对工程的施工质量负责。建筑施工企业必须按照工程设计图纸和施工技术标准施工,不得偷工减料。工程设计的修改由原设计单位负责,建筑施工企业不得擅自修改工程设计。因此,在建筑物的合理使用寿命内,因建筑工程质量不合格造成损害的,要根据质量不合格的具体原因,查明相应的责任主体。受害方有权向相应的责任主体要求损害赔偿。

第八章 附 则

第八十一条 【适用范围补充】本法关于施工许可、建筑施工企业资质审查和建筑工程发包、承包、禁止转包,以及建筑工程监理、建筑工程安全和质量管理的规定,适用于其他专业建筑工程的建筑活动,具体办法由国务院规定。

条文注释

根据本法第 2 条的规定,在中华人民共和国境内从事建筑活动,实施对建筑活动的监督管理,应当遵守本法。本法所称建筑活动,是指各类房屋建筑及其附属设施的建造和与其配套的线路、管道、设备的安装活动。其他专业建筑工程,是指房屋建筑以外的建设工程,包括铁路、公路、机场、码头等。不同专业领域的建筑工程的技术特点、质量要求、主管部门各不相同,故分别由《铁路法》《公路法》《民用航空法》《煤炭法》《电力法》等法律调整。其他专业建筑工程与房屋的建筑活动毕竟具有很多共性。因此,本法关于施工许可、建筑施工企业资质审查和建筑工程发包、承包、禁止转包,以及建筑工程监理、建筑工程安全和质量管理的规定,适用于其他专业建筑工程的建筑活动,具体办法由国务院规定。国务院有权根据其他专业建筑工程的具体特点,依照本法的相关规定制定具体办法。

第八十二条 【禁止乱收费】建设行政主管部门和其他有关部门在对建筑活动实施监督管理中,除按照国务院有关规定收取费用外,不得收取其他费用。

条文注释

建设行政主管部门和其他有关部门对建筑活动依法实施监督

管理,是相关部门必须履行的法定职责。相关部门履行监管职责需要支出的各种成本、费用等,依法应当由各级政府纳入财政预算。实践中,一些建设行政主管部门和其他有关部门在履行监督管理职责时,存在向相对人乱摊派、乱收费等违法行为,故本条规定对此作出了规制。

> **第八十三条 【适用范围特别规定】**省、自治区、直辖市人民政府确定的小型房屋建筑工程的建筑活动,参照本法执行。
>
> 依法核定作为文物保护的纪念建筑物和古建筑等的修缮,依照文物保护的有关法律规定执行。
>
> 抢险救灾及其他临时性房屋建筑和农民自建低层住宅的建筑活动,不适用本法。

条文注释

所谓"参照执行",是指本法原则上可以适用于小型房屋建筑工程,但是相关行政主管部门有权根据实际情况灵活变通适用。小型房屋建筑工程的范围,必须由省、自治区、直辖市人民政府确定。

根据《文物保护法》第2条第1款的规定,受国家保护的文物主要包括:(1)具有历史、艺术、科学价值的古文化遗址、古墓葬、古建筑、石窟寺和石刻、壁画;(2)与重大历史事件、革命运动或者著名人物有关的以及具有重要纪念意义、教育意义或者史料价值的近代现代重要史迹、实物、代表性建筑;(3)历史上各时代珍贵的艺术品、工艺美术品;(4)历史上各时代重要的文献资料以及具有历史、艺术、科学价值的手稿和图书资料等;(5)反映历史上各时代、各民族社会制度、社会生产、社会生活的代表性实物。被有关主管机关按法定权限和程序确定为文物保护单位的纪念建筑和古建筑,其修缮必须依照文物保护的有关法律规定进行。

抢险救灾及其他临时性房屋建筑具有时效性、临时性和简易性等特点,客观上无须按照本法的规定进行监督管理。农民自建的低层住宅,由于建筑活动简单、数量巨大以及监管难度、成本过高等原因,不适用本法。

第八十四条 【军用建筑】军用房屋建筑工程建筑活动的具体管理办法,由国务院、中央军事委员会依据本法制定。

条文注释

军用房屋建筑工程具有保密性、危险性、区域性等特征,因此应当由军队依法自行管理。本法授权国务院、中央军事委员会依据本法制定军用房屋建筑工程建筑活动的具体管理办法。

第八十五条 【施行日期】本法自1998年3月1日起施行。

条文注释

本法于1997年11月1日由第八届全国人民代表大会常务委员会第二十八次会议通过,自1998年3月1日起施行。自1998年3月1日起,在我国境内进行的房屋建筑活动,都必须遵守本法规定;过去制定的有关房屋建筑的法规、规章与本法规定不一致的,应以本法为准。本法施行以前发生的行为,按照法不溯及既往的原则,不适用本法规定。

附录

一、建筑许可

建筑业企业资质管理规定

(2015年1月22日住房和城乡建设部令第22号发布 根据2016年9月13日住房和城乡建设部令第32号《关于修改〈勘察设计注册工程师管理规定〉等11个部门规章的决定》第一次修正 根据2018年12月22日住房和城乡建设部令第45号《关于修改〈建筑业企业资质管理规定〉等部门规章的决定》第二次修正)

第一章 总 则

第一条 为了加强对建筑活动的监督管理,维护公共利益和规范建筑市场秩序,保证建设工程质量安全,促进建筑业的健康发展,根据《中华人民共和国建筑法》《中华人民共和国行政许可法》《建设工程质量管理条例》、《建设工程安全生产管理条例》等法律、行政法规,制定本规定。

第二条 在中华人民共和国境内申请建筑业企业资质,实施对建筑业企业资质监督管理,适用本规定。

本规定所称建筑业企业,是指从事土木工程、建筑工程、线路管道设备安装工程的新建、扩建、改建等施工活动的企业。

第三条 企业应当按照其拥有的资产、主要人员、已完成的工程业绩和技术装备等条件申请建筑业企业资质,经审查合格,取得建筑业企业资质证书后,方可在资质许可的范围内从事建筑施工活动。

第四条 国务院住房城乡建设主管部门负责全国建筑业企业资质的统一监督管理。国务院交通运输、水利、工业信息化等有关部门配合国务院住房城乡建设主管部门实施相关资质类别建筑业企业资质的管理工作。

省、自治区、直辖市人民政府住房城乡建设主管部门负责本行政区域内建筑业企业资质的统一监督管理。省、自治区、直辖市人民政府交通运输、水利、通信等有关部门配合同级住房城乡建设主管部门实施本行政区域内相关资质类别建筑业企业资质的管理工作。

第五条 建筑业企业资质分为施工总承包资质、专业承包资质、施工劳务资质三个序列。

施工总承包资质、专业承包资质按照工程性质和技术特点分别划分为若干资质类别,各资质类别按照规定的条件划分为若干资质等级。施工劳务资质不分类别与等级。

第六条 建筑业企业资质标准和取得相应资质的企业可以承担工程的具体范围,由国务院住房城乡建设主管部门会同国务院有关部门制定。

第七条 国家鼓励取得施工总承包资质的企业拥有全资或者控股的劳务企业。

建筑业企业应当加强技术创新和人员培训,使用先进的建造技术、建筑材料,开展绿色施工。

第二章 申请与许可

第八条 企业可以申请一项或多项建筑业企业资质。

企业首次申请或增项申请资质,应当申请最低等级资质。

第九条 下列建筑业企业资质,由国务院住房城乡建设主管部门许可:

(一)施工总承包资质序列特级资质、一级资质及铁路工程施工总承包二级资质;

(二)专业承包资质序列公路、水运、水利、铁路、民航方面的专业承包一级资质及铁路、民航方面的专业承包二级资质;涉及多个专业的专业承包一级资质。

第十条 下列建筑业企业资质,由企业工商注册所在地省、自治区、直辖市人民政府住房城乡建设主管部门许可：

（一）施工总承包资质序列二级资质及铁路、通信工程施工总承包三级资质；

（二）专业承包资质序列一级资质（不含公路、水运、水利、铁路、民航方面的专业承包一级资质及涉及多个专业的专业承包一级资质）；

（三）专业承包资质序列二级资质（不含铁路、民航方面的专业承包二级资质）；铁路方面专业承包三级资质；特种工程专业承包资质。

第十一条 下列建筑业企业资质，由企业工商注册所在地设区的市人民政府住房城乡建设主管部门许可：

（一）施工总承包资质序列三级资质（不含铁路、通信工程施工总承包三级资质）；

（二）专业承包资质序列三级资质（不含铁路方面专业承包资质）及预拌混凝土、模板脚手架专业承包资质；

（三）施工劳务资质；

（四）燃气燃烧器具安装、维修企业资质。

第十二条 申请本规定第九条所列资质的，可以向企业工商注册所在地省、自治区、直辖市人民政府住房城乡建设主管部门提交申请材料。

省、自治区、直辖市人民政府住房城乡建设主管部门收到申请材料后，应当在5日内将全部申请材料报审批部门。

国务院住房城乡建设主管部门在收到申请材料后，应当依法作出是否受理的决定，并出具凭证；申请材料不齐全或者不符合法定形式的，应当在5日内一次性告知申请人需要补正的全部内容。逾期不告知的，自收到申请材料之日起即为受理。

国务院住房城乡建设主管部门应当自受理之日起20个工作日内完成审查。自作出决定之日起10日内公告审批结果。其中，涉及公路、水运、水利、通信、铁路、民航等方面资质的，由国务院住房城乡建设主管部门会同国务院有关部门审查。

需要组织专家评审的，所需时间不计算在许可时限内，但应当明确告知申请人。

第十三条 本规定第十条规定的资质许可程序由省、自治区、直辖市人民政府住房城乡建设主管部门依法确定，并向社会公布。

本规定第十一条规定的资质许可程序由设区的市级人民政府住房城乡建设主管部门依法确定,并向社会公布。

第十四条 企业申请建筑业企业资质,在资质许可机关的网站或审批平台提出申请事项,提交资金、专业技术人员、技术装备和已完成业绩等电子材料。

第十五条 企业申请建筑业企业资质,应当如实提交有关申请材料。资质许可机关收到申请材料后,应当按照《中华人民共和国行政许可法》的规定办理受理手续。

第十六条 资质许可机关应当及时将资质许可决定向社会公开,并为公众查询提供便利。

第十七条 建筑业企业资质证书分为正本和副本,由国务院住房城乡建设主管部门统一印制,正、副本具备同等法律效力。资质证书有效期为5年。

第三章 延续与变更

第十八条 建筑业企业资质证书有效期届满,企业继续从事建筑施工活动的,应当于资质证书有效期届满3个月前,向原资质许可机关提出延续申请。

资质许可机关应当在建筑业企业资质证书有效期届满前做出是否准予延续的决定;逾期未做出决定的,视为准予延续。

第十九条 企业在建筑业企业资质证书有效期内名称、地址、注册资本、法定代表人等发生变更的,应当在工商部门办理变更手续后1个月内办理资质证书变更手续。

第二十条 由国务院住房城乡建设主管部门颁发的建筑业企业资质证书的变更,企业应当向企业工商注册所在地省、自治区、直辖市人民政府住房城乡建设主管部门提出变更申请,省、自治区、直辖市人民政府住房城乡建设主管部门应当自受理申请之日起2日内将有关变更证明材料报国务院住房城乡建设主管部门,由国务院住房城乡建设主管部门在2日内办理变更手续。

前款规定以外的资质证书的变更,由企业工商注册所在地的省、自治区、直辖市人民政府住房城乡建设主管部门或者设区的市人民政府住房城乡建设主管部门依法另行规定。变更结果应当在资质证书变更后15日内,报国务院住房城乡建设主管部门备案。

涉及公路、水运、水利、通信、铁路、民航等方面的建筑业企业资质证书的变更,办理变更手续的住房城乡建设主管部门应当将建筑业企业资质证书变更情况告知同级有关部门。

第二十一条 企业发生合并、分立、重组以及改制等事项,需承继原建筑业企业资质的,应当申请重新核定建筑业企业资质等级。

第二十二条 企业需更换、遗失补办建筑业企业资质证书的,应当持建筑业企业资质证书更换、遗失补办申请等材料向资质许可机关申请办理。资质许可机关应当在2个工作日内办理完毕。

企业遗失建筑业企业资质证书的,在申请补办前应当在公众媒体上刊登遗失声明。

第二十三条 企业申请建筑业企业资质升级、资质增项,在申请之日起前一年至资质许可决定作出前,有下列情形之一的,资质许可机关不予批准其建筑业企业资质升级申请和增项申请:

(一)超越本企业资质等级或以其他企业的名义承揽工程,或允许其他企业或个人以本企业的名义承揽工程的;

(二)与建设单位或企业之间相互串通投标,或以行贿等不正当手段谋取中标的;

(三)未取得施工许可证擅自施工的;

(四)将承包的工程转包或违法分包的;

(五)违反国家工程建设强制性标准施工的;

(六)恶意拖欠分包企业工程款或者劳务人员工资的;

(七)隐瞒或谎报、拖延报告工程质量安全事故,破坏事故现场、阻碍对事故调查的;

(八)按照国家法律、法规和标准规定需要持证上岗的现场管理人员和技术工种作业人员未取得证书上岗的;

(九)未依法履行工程质量保修义务或拖延履行保修义务的;

(十)伪造、变造、倒卖、出租、出借或者以其他形式非法转让建筑业企业资质证书的;

(十一)发生过较大以上质量安全事故或者发生过两起以上一般质量安全事故的;

(十二)其它违反法律、法规的行为。

第四章 监督管理

第二十四条 县级以上人民政府住房城乡建设主管部门和其他有关部门应当依照有关法律、法规和本规定,加强对企业取得建筑业企业资质后是否满足资质标准和市场行为的监督管理。

上级住房城乡建设主管部门应当加强对下级住房城乡建设主管部门资质管理工作的监督检查,及时纠正建筑业企业资质管理中的违法行为。

第二十五条 住房城乡建设主管部门、其他有关部门的监督检查人员履行监督检查职责时,有权采取下列措施:

(一)要求被检查企业提供建筑业企业资质证书、企业有关人员的注册执业证书、职称证书、岗位证书和考核或者培训合格证书,有关施工业务的文档,有关质量管理、安全生产管理、合同管理、档案管理、财务管理等企业内部管理制度的文件;

(二)进入被检查企业进行检查,查阅相关资料;

(三)纠正违反有关法律、法规和本规定及有关规范和标准的行为。

监督检查人员应当将监督检查情况和处理结果予以记录,由监督检查人员和被检查企业的有关人员签字确认后归档。

第二十六条 住房城乡建设主管部门、其他有关部门的监督检查人员在实施监督检查时,应当出示证件,并要有两名以上人员参加。

监督检查人员应当为被检查企业保守商业秘密,不得索取或者收受企业的财物,不得谋取其他利益。

有关企业和个人对依法进行的监督检查应当协助与配合,不得拒绝或者阻挠。

监督检查机关应当将监督检查的处理结果向社会公布。

第二十七条 企业违法从事建筑活动的,违法行为发生地的县级以上地方人民政府住房城乡建设主管部门或者其他有关部门应当依法查处,并将违法事实、处理结果或者处理建议及时告知该建筑业企业资质的许可机关。

对取得国务院住房城乡建设主管部门颁发的建筑业企业资质证书的企业需要处以停业整顿、降低资质等级、吊销资质证书行政处罚的,县级以上地方人民政府住房城乡建设主管部门或者其他有关部门,应当通过省、自治区、直辖市人民政府住房城乡建设主管部门或者国务院有关部门,将违法事实、处理建议及时报送国务院住房城乡建设主管部门。

第二十八条 取得建筑业企业资质证书的企业,应当保持资产、主要人员、技术装备等方面满足相应建筑业企业资质标准要求的条件。

企业不再符合相应建筑业企业资质标准要求条件的,县级以上地方人民政府住房城乡建设主管部门、其他有关部门,应当责令其限期改正并向社会公告,整改期限最长不超过3个月;企业整改期间不得申请建筑业企业资质的升级、增项,不能承揽新的工程;逾期仍未达到建筑业企业资质标准要求条件的,资质许可机关可以撤回其建筑业企业资质证书。

被撤回建筑业企业资质证书的企业,可以在资质被撤回后3个月内,向资质许可机关提出核定低于原等级同类别资质的申请。

第二十九条 有下列情形之一的,资质许可机关应当撤销建筑业企业资质:

(一)资质许可机关工作人员滥用职权、玩忽职守准予资质许可的;

(二)超越法定职权准予资质许可的;

(三)违反法定程序准予资质许可的;

(四)对不符合资质标准条件的申请企业准予资质许可的;

(五)依法可以撤销资质许可的其他情形。

以欺骗、贿赂等不正当手段取得资质许可的,应当予以撤销。

第三十条 有下列情形之一的,资质许可机关应当依法注销建筑业企业资质,并向社会公布其建筑业企业资质证书作废,企业应当及时将建筑业企业资质证书交回资质许可机关:

(一)资质证书有效期届满,未依法申请延续的;

(二)企业依法终止的;

(三)资质证书依法被撤回、撤销或吊销的;

(四)企业提出注销申请的;

(五)法律、法规规定的应当注销建筑业企业资质的其他情形。

第三十一条 有关部门应当将监督检查情况和处理意见及时告知资质许可机关。资质许可机关应当将涉及有关公路、水运、水利、通信、铁路、民航等方面的建筑业企业资质许可被撤回、撤销、吊销和注销的情况告知同级有关部门。

第三十二条 资质许可机关应当建立、健全建筑业企业信用档案管理制度。建筑业企业信用档案应当包括企业基本情况、资质、业绩、工程质量和安全、合同履约、社会投诉和违法行为等情况。

企业的信用档案信息按照有关规定向社会公开。

取得建筑业企业资质的企业应当按照有关规定，向资质许可机关提供真实、准确、完整的企业信用档案信息。

第三十三条 县级以上地方人民政府住房城乡建设主管部门或其它有关部门依法给予企业行政处罚的，应当将行政处罚决定以及给予行政处罚的事实、理由和依据，通过省、自治区、直辖市人民政府住房城乡建设主管部门或者国务院有关部门报国务院住房城乡建设主管部门备案。

第三十四条 资质许可机关应当推行建筑业企业资质许可电子化，建立建筑业企业资质管理信息系统。

第五章 法律责任

第三十五条 申请企业隐瞒有关真实情况或者提供虚假材料申请建筑业企业资质的，资质许可机关不予许可，并给予警告，申请企业在1年内不得再次申请建筑业企业资质。

第三十六条 企业以欺骗、贿赂等不正当手段取得建筑业企业资质的，由原资质许可机关予以撤销；由县级以上地方人民政府住房城乡建设主管部门或者其他有关部门给予警告，并处3万元的罚款；申请企业3年内不得再次申请建筑业企业资质。

第三十七条 企业有本规定第二十三条行为之一，《中华人民共和国建筑法》《建设工程质量管理条例》和其他有关法律、法规对处罚机关和处罚方式有规定的，依照法律、法规的规定执行；法律、法规未作规定的，由县级以上地方人民政府住房城乡建设主管部门或者其他有关部门给予警告，责令改正，并处1万元以上3万元以下的罚款。

第三十八条 企业未按照本规定及时办理建筑业企业资质证书变更手续的，由县级以上地方人民政府住房城乡建设主管部门责令限期办理；逾期不办理的，可处以1000元以上1万元以下的罚款。

第三十九条 企业在接受监督检查时,不如实提供有关材料,或者拒绝、阻碍监督检查的,由县级以上地方人民政府住房城乡建设主管部门责令限期改正,并可以处 3 万元以下罚款。

第四十条 企业未按照本规定要求提供企业信用档案信息的,由县级以上地方人民政府住房城乡建设主管部门或者其他有关部门给予警告,责令限期改正;逾期未改正的,可处以 1000 元以上 1 万元以下的罚款。

第四十一条 县级以上人民政府住房城乡建设主管部门及其工作人员,违反本规定,有下列情形之一的,由其上级行政机关或者监察机关责令改正;对直接负责的主管人员和其他直接责任人员,依法给予行政处分;直接负责的主管人员和其他直接责任人员构成犯罪的,依法追究刑事责任:

(一)对不符合资质标准规定条件的申请企业准予资质许可的;

(二)对符合受理条件的申请企业不予受理或者未在法定期限内初审完毕的;

(三)对符合资质标准规定条件的申请企业不予许可或者不在法定期限内准予资质许可的;

(四)发现违反本规定规定的行为不予查处,或者接到举报后不依法处理的;

(五)在企业资质许可和监督管理中,利用职务上的便利,收受他人财物或者其他好处,以及有其他违法行为的。

第六章 附 则

第四十二条 本规定自 2015 年 3 月 1 日起施行。2007 年 6 月 26 日建设部颁布的《建筑业企业资质管理规定》(建设部令第 159 号)同时废止。

建设工程勘察设计资质管理规定

（2007年6月26日建设部令第158号发布　根据2015年5月4日住房和城乡建设部令第24号《关于修改〈房地产开发企业资质管理规定〉等部门规章的决定》第一次修正　根据2016年9月13日住房和城乡建设部令第32号《关于修改〈勘察设计注册工程师管理规定〉等11个部门规章的决定》第二次修正　根据2018年12月22日住房和城乡建设部令第45号《关于修改〈建筑业企业资质管理规定〉等部门规章的决定》第三次修正）

第一章　总　　则

第一条　为了加强对建设工程勘察、设计活动的监督管理，保证建设工程勘察、设计质量，根据《中华人民共和国行政许可法》、《中华人民共和国建筑法》、《建设工程质量管理条例》和《建设工程勘察设计管理条例》等法律、行政法规，制定本规定。

第二条　在中华人民共和国境内申请建设工程勘察、工程设计资质，实施对建设工程勘察、工程设计资质的监督管理，适用本规定。

第三条　从事建设工程勘察、工程设计活动的企业，应当按照其拥有的资产、专业技术人员、技术装备和勘察设计业绩等条件申请资质，经审查合格，取得建设工程勘察、工程设计资质证书后，方可在资质许可的范围内从事建设工程勘察、工程设计活动。

第四条　国务院住房城乡建设主管部门负责全国建设工程勘察、工程设计资质的统一监督管理。国务院铁路、交通、水利、信息产业、民航等有关部门配合国务院住房城乡建设主管部门实施相应行业的建设工程勘察、工程设计资质管理工作。

省、自治区、直辖市人民政府住房城乡建设主管部门负责本行政区域内建设工程勘察、工程设计资质的统一监督管理。省、自治区、直辖市人民政府交通、水利、信息产业等有关部门配合同级住房城乡建设主管部门实施本行政区域内相应行业的建设工程勘察、工程设计资质管理工作。

第二章 资质分类和分级

第五条 工程勘察资质分为工程勘察综合资质、工程勘察专业资质、工程勘察劳务资质。

工程勘察综合资质只设甲级；工程勘察专业资质设甲级、乙级，根据工程性质和技术特点，部分专业可以设丙级；工程勘察劳务资质不分等级。

取得工程勘察综合资质的企业，可以承接各专业（海洋工程勘察除外）、各等级工程勘察业务；取得工程勘察专业资质的企业，可以承接相应等级相应专业的工程勘察业务；取得工程勘察劳务资质的企业，可以承接岩土工程治理、工程钻探、凿井等工程勘察劳务业务。

第六条 工程设计资质分为工程设计综合资质、工程设计行业资质、工程设计专业资质和工程设计专项资质。

工程设计综合资质只设甲级；工程设计行业资质、工程设计专业资质、工程设计专项资质设甲级、乙级。

根据工程性质和技术特点，个别行业、专业、专项资质可以设丙级，建筑工程专业资质可以设丁级。

取得工程设计综合资质的企业，可以承接各行业、各等级的建设工程设计业务；取得工程设计行业资质的企业，可以承接相应行业相应等级的工程设计业务及本行业范围内同级别的相应专业、专项（设计施工一体化资质除外）工程设计业务；取得工程设计专业资质的企业，可以承接本专业相应等级的专业工程设计业务及同级别的相应专项工程设计业务（设计施工一体化资质除外）；取得工程设计专项资质的企业，可以承接本专项相应等级的专项工程设计业务。

第七条 建设工程勘察、工程设计资质标准和各资质类别、级别企业承担工程的具体范围由国务院住房城乡建设主管部门商国务院有关部门制定。

第三章 资质申请和审批

第八条 申请工程勘察甲级资质、工程设计甲级资质,以及涉及铁路、交通、水利、信息产业、民航等方面的工程设计乙级资质的,可以向企业工商注册所在地的省、自治区、直辖市人民政府住房城乡建设主管部门提交申请材料。

省、自治区、直辖市人民政府住房城乡建设主管部门收到申请材料后,应当在5日内将全部申请材料报审批部门。

国务院住房城乡建设主管部门在收到申请材料后,应当依法作出是否受理的决定,并出具凭证;申请材料不齐全或者不符合法定形式的,应当在5日内一次性告知申请人需要补正的全部内容。逾期不告知的,自收到申请材料之日起即为受理。

国务院住房城乡建设主管部门应当自受理之日起20日内完成审查。自作出决定之日起10日内公告审批结果。其中,涉及铁路、交通、水利、信息产业、民航等方面的工程设计资质,由国务院住房城乡建设主管部门送国务院有关部门审核,国务院有关部门应当在15日内审核完毕,并将审核意见送国务院住房城乡建设主管部门。

组织专家评审所需时间不计算在上述时限内,但应当明确告知申请人。

第九条 工程勘察乙级及以下资质、劳务资质、工程设计乙级(涉及铁路、交通、水利、信息产业、民航等方面的工程设计乙级资质除外)及以下资质许可由省、自治区、直辖市人民政府住房城乡建设主管部门实施。具体实施程序由省、自治区、直辖市人民政府住房城乡建设主管部门依法确定。

省、自治区、直辖市人民政府住房城乡建设主管部门应当自作出决定之日起30日内,将准予资质许可的决定报国务院住房城乡建设主管部门备案。

第十条 工程勘察、工程设计资质证书分为正本和副本,正本一份,副本六份,由国务院住房城乡建设主管部门统一印制,正、副本具备同等法律效力。资质证书有效期为5年。

第十一条 企业申请工程勘察、工程设计资质,应在资质许可机关的官方网站或审批平台上提出申请,提交资金、专业技术人员、技术装备和已完成的业绩等电子材料。

第十二条 资质有效期届满，企业需要延续资质证书有效期的，应当在资质证书有效期届满 60 日前，向原资质许可机关提出资质延续申请。

对在资质有效期内遵守有关法律、法规、规章、技术标准，信用档案中无不良行为记录，且专业技术人员满足资质标准要求的企业，经资质许可机关同意，有效期延续 5 年。

第十三条 企业在资质证书有效期内名称、地址、注册资本、法定代表人等发生变更的，应当在工商部门办理变更手续后 30 日内办理资质证书变更手续。

取得工程勘察甲级资质、工程设计甲级资质，以及涉及铁路、交通、水利、信息产业、民航等方面的工程设计乙级资质的企业，在资质证书有效期内发生企业名称变更的，应当向企业工商注册所在地省、自治区、直辖市人民政府住房城乡建设主管部门提出变更申请，省、自治区、直辖市人民政府住房城乡建设主管部门应当自受理申请之日起 2 日内将有关变更证明材料报国务院住房城乡建设主管部门，由国务院住房城乡建设主管部门在 2 日内办理变更手续。

前款规定以外的资质证书变更手续，由企业工商注册所在地的省、自治区、直辖市人民政府住房城乡建设主管部门负责办理。省、自治区、直辖市人民政府住房城乡建设主管部门应当自受理申请之日起 2 日内办理变更手续，并在办理资质证书变更手续后 15 日内将变更结果报国务院住房城乡建设主管部门备案。

涉及铁路、交通、水利、信息产业、民航等方面的工程设计资质的变更，国务院住房城乡建设主管部门应当将企业资质变更情况告知国务院有关部门。

第十四条 企业申请资质证书变更，应当提交以下材料：

（一）资质证书变更申请；

（二）企业法人、合伙企业营业执照副本复印件；

（三）资质证书正、副本原件；

（四）与资质变更事项有关的证明材料。

企业改制的，除提供前款规定资料外，还应当提供改制重组方案、上级资产管理部门或者股东大会的批准决定、企业职工代表大会同意改制重组的决议。

第十五条 企业首次申请、增项申请工程勘察、工程设计资质，其申请资质等级最高不超过乙级,且不考核企业工程勘察、工程设计业绩。

已具备施工资质的企业首次申请同类别或相近类别的工程勘察、工程设计资质的,可以将相应规模的工程总承包业绩作为工程业绩予以申报。其申请资质等级最高不超过其现有施工资质等级。

第十六条 企业合并的,合并后存续或者新设立的企业可以承继合并前各方中较高的资质等级,但应当符合相应的资质标准条件。

企业分立的,分立后企业的资质按照资质标准及本规定的审批程序核定。

企业改制的,改制后不再符合资质标准的,应按其实际达到的资质标准及本规定重新核定;资质条件不发生变化的,按本规定第十六条办理。

第十七条 从事建设工程勘察、设计活动的企业,申请资质升级、资质增项,在申请之日起前一年内有下列情形之一的,资质许可机关不予批准企业的资质升级申请和增项申请:

(一)企业相互串通投标或者与招标人串通投标承揽工程勘察、工程设计业务的;

(二)将承揽的工程勘察、工程设计业务转包或违法分包的;

(三)注册执业人员未按照规定在勘察设计文件上签字的;

(四)违反国家工程建设强制性标准的;

(五)因勘察设计原因造成过重大生产安全事故的;

(六)设计单位未根据勘察成果文件进行工程设计的;

(七)设计单位违反规定指定建筑材料、建筑构配件的生产厂、供应商的;

(八)无工程勘察、工程设计资质或者超越资质等级范围承揽工程勘察、工程设计业务的;

(九)涂改、倒卖、出租、出借或者以其他形式非法转让资质证书的;

(十)允许其他单位、个人以本单位名义承揽建设工程勘察、设计业务的;

(十一)其他违反法律、法规行为的。

第十八条 企业在领取新的工程勘察、工程设计资质证书的同时,应当将原资质证书交回原发证机关予以注销。

企业需增补(含增加、更换、遗失补办)工程勘察、工程设计资质证书的,应当持资质证书增补申请等材料向资质许可机关申请办理。遗失资质证书的,在申请补办前应当在公众媒体上刊登遗失声明。资质许可机关应当在2日内办理完毕。

第四章 监督与管理

第十九条 国务院住房城乡建设主管部门对全国的建设工程勘察、设计资质实施统一的监督管理。国务院铁路、交通、水利、信息产业、民航等有关部门配合国务院住房城乡建设主管部门对相应的行业资质进行监督管理。

县级以上地方人民政府住房城乡建设主管部门负责对本行政区域内的建设工程勘察、设计资质实施监督管理。县级以上人民政府交通、水利、信息产业等有关部门配合同级住房城乡建设主管部门对相应的行业资质进行监督管理。

上级住房城乡建设主管部门应当加强对下级住房城乡建设主管部门资质管理工作的监督检查,及时纠正资质管理中的违法行为。

第二十条 住房城乡建设主管部门、有关部门履行监督检查职责时,有权采取下列措施:

(一)要求被检查单位提供工程勘察、设计资质证书、注册执业人员的注册执业证书,有关工程勘察、设计业务的文档,有关质量管理、安全生产管理、档案管理、财务管理等企业内部管理制度的文件;

(二)进入被检查单位进行检查,查阅相关资料;

(三)纠正违反有关法律、法规和本规定及有关规范和标准的行为。

住房城乡建设主管部门、有关部门依法对企业从事行政许可事项的活动进行监督检查时,应当将监督检查情况和处理结果予以记录,由监督检查人员签字后归档。

第二十一条 住房城乡建设主管部门、有关部门在实施监督检查时,应当有两名以上监督检查人员参加,并出示执法证件,不得妨碍企业正常的生产经营活动,不得索取或者收受企业的财物,不得谋取其他利益。

有关单位和个人对依法进行的监督检查应当协助与配合,不得拒绝或者阻挠。

监督检查机关应当将监督检查的处理结果向社会公布。

第二十二条　企业违法从事工程勘察、工程设计活动的，其违法行为发生地的住房城乡建设主管部门应当依法将企业的违法事实、处理结果或处理建议告知该企业的资质许可机关。

第二十三条　企业取得工程勘察、设计资质后，不再符合相应资质条件的，住房城乡建设主管部门、有关部门根据利害关系人的请求或者依据职权，可以责令其限期改正；逾期不改的，资质许可机关可以撤回其资质。

第二十四条　有下列情形之一的，资质许可机关或者其上级机关，根据利害关系人的请求或者依据职权，可以撤销工程勘察、工程设计资质：

（一）资质许可机关工作人员滥用职权、玩忽职守作出准予工程勘察、工程设计资质许可的；

（二）超越法定职权作出准予工程勘察、工程设计资质许可的；

（三）违反资质审批程序作出准予工程勘察、工程设计资质许可的；

（四）对不符合许可条件的申请人作出工程勘察、工程设计资质许可的；

（五）依法可以撤销资质证书的其他情形。

以欺骗、贿赂等不正当手段取得工程勘察、工程设计资质证书的，应当予以撤销。

第二十五条　有下列情形之一的，企业应当及时向资质许可机关提出注销资质的申请，交回资质证书，资质许可机关应当办理注销手续，公告其资质证书作废：

（一）资质证书有效期届满未依法申请延续的；

（二）企业依法终止的；

（三）资质证书依法被撤销、撤回，或者吊销的；

（四）法律、法规规定的应当注销资质的其他情形。

第二十六条　有关部门应当将监督检查情况和处理意见及时告知住房城乡建设主管部门。资质许可机关应当将涉及铁路、交通、水利、信息产业、民航等方面的资质被撤回、撤销和注销的情况及时告知有关部门。

第二十七条　企业应当按照有关规定，向资质许可机关提供真实、准确、完整的企业信用档案信息。

企业的信用档案应当包括企业基本情况、业绩、工程质量和安全、合同违约等情况。被投诉举报和处理、行政处罚等情况应当作为不良行为记入其信用档案。

企业的信用档案信息按照有关规定向社会公示。

第五章 法 律 责 任

第二十八条 企业隐瞒有关情况或者提供虚假材料申请资质的,资质许可机关不予受理或者不予行政许可,并给予警告,该企业在1年内不得再次申请该资质。

第二十九条 企业以欺骗、贿赂等不正当手段取得资质证书的,由县级以上地方人民政府住房城乡建设主管部门或者有关部门给予警告,并依法处以罚款;该企业在3年内不得再次申请该资质。

第三十条 企业不及时办理资质证书变更手续的,由资质许可机关责令限期办理;逾期不办理的,可处以1000元以上1万元以下的罚款。

第三十一条 企业未按照规定提供信用档案信息的,由县级以上地方人民政府住房城乡建设主管部门给予警告,责令限期改正;逾期未改正的,可处以1000元以上1万元以下的罚款。

第三十二条 涂改、倒卖、出租、出借或者以其他形式非法转让资质证书的,由县级以上地方人民政府住房城乡建设主管部门或者有关部门给予警告,责令改正,并处以1万元以上3万元以下的罚款;造成损失的,依法承担赔偿责任;构成犯罪的,依法追究刑事责任。

第三十三条 县级以上地方人民政府住房城乡建设主管部门依法给予工程勘察、设计企业行政处罚的,应当将行政处罚决定以及给予行政处罚的事实、理由和依据,报国务院住房城乡建设主管部门备案。

第三十四条 住房城乡建设主管部门及其工作人员,违反本规定,有下列情形之一的,由其上级行政机关或者监察机关责令改正;情节严重的,对直接负责的主管人员和其他直接责任人员,依法给予行政处分:

(一)对不符合条件的申请人准予工程勘察、设计资质许可的;

(二)对符合条件的申请人不予工程勘察、设计资质许可或者未在法定期限内作出许可决定的;

(三)对符合条件的申请不予受理或者未在法定期限内初审完毕的;

(四)利用职务上的便利,收受他人财物或者其他好处的;

(五)不依法履行监督职责或者监督不力,造成严重后果的。

第六章 附 则

第三十五条 本规定所称建设工程勘察包括建设工程项目的岩土工程、水文地质、工程测量、海洋工程勘察等。

第三十六条 本规定所称建设工程设计是指:

(一)建设工程项目的主体工程和配套工程(含厂(矿)区内的自备电站、道路、专用铁路、通信、各种管网管线和配套的建筑物等全部配套工程)以及与主体工程、配套工程相关的工艺、土木、建筑、环境保护、水土保持、消防、安全、卫生、节能、防雷、抗震、照明工程等的设计。

(二)建筑工程建设用地规划许可证范围内的室外工程设计、建筑物构筑物设计、民用建筑修建的地下工程设计及住宅小区、工厂厂前区、工厂生活区、小区规划设计及单体设计等,以及上述建筑工程所包含的相关专业的设计内容(包括总平面布置、竖向设计、各类管网管线设计、景观设计、室内外环境设计及建筑装饰、道路、消防、安保、通信、防雷、人防、供配电、照明、废水治理、空调设施、抗震加固等)。

第三十七条 取得工程勘察、工程设计资质证书的企业,可以从事资质证书许可范围内相应的建设工程总承包业务,可以从事工程项目管理和相关的技术与管理服务。

第三十八条 本规定自2007年9月1日起实施。2001年7月25日建设部颁布的《建设工程勘察设计企业资质管理规定》(建设部令第93号)同时废止。

工程监理企业资质管理规定

（2007年6月26日建设部令第158号发布 根据2015年5月4日住房和城乡建设部令第24号《关于修改〈房地产开发企业资质管理规定〉等部门规章的决定》第一次修正 根据2016年9月13日住房和城乡建设部令第32号《关于修改〈勘察设计注册工程师管理规定〉等11个部门规章的决定》第二次修正 根据2018年12月22日住房和城乡建设部令第45号《关于修改〈建筑业企业资质管理规定〉等部门规章的决定》第二次修正）

第一章 总 则

第一条 为了加强工程监理企业资质管理，规范建设工程监理活动，维护建筑市场秩序，根据《中华人民共和国建筑法》、《中华人民共和国行政许可法》、《建设工程质量管理条例》等法律、行政法规，制定本规定。

第二条 在中华人民共和国境内从事建设工程监理活动，申请工程监理企业资质，实施对工程监理企业资质监督管理，适用本规定。

第三条 从事建设工程监理活动的企业，应当按照本规定取得工程监理企业资质，并在工程监理企业资质证书（以下简称资质证书）许可的范围内从事工程监理活动。

第四条 国务院住房城乡建设主管部门负责全国工监理企业资质的统一监督管理工作。国务院铁路、交通、水利、信息产业、民航等有关部门配合国务院住房城乡建设主管部门实施相关资质类别工程监理企业资质的监督管理工作。

省、自治区、直辖市人民政府住房城乡建设主管部门负责本行政区域内工程监理企业资质的统一监督管理工作。省、自治区、直辖市人民政府交通、水利、信息产业等有关部门配合同级住房城乡建设主管部门实施相关资质类别工程监理企业资质的监督管理工作。

第五条 工程监理行业组织应当加强工程监理行业自律管理。

鼓励工程监理企业加入工程监理行业组织。

第二章 资质等级和业务范围

第六条 工程监理企业资质分为综合资质、专业资质和事务所资质。其中,专业资质按照工程性质和技术特点划分为若干工程类别。

综合资质、事务所资质不分级别。专业资质分为甲级、乙级;其中,房屋建筑、水利水电、公路和市政公用专业资质可设立丙级。

第七条 工程监理企业的资质等级标准如下:

(一)综合资质标准

1. 具有独立法人资格且具有符合国家有关规定的资产。

2. 企业技术负责人应为注册监理工程师,并具有15年以上从事工程建设工作的经历或者具有工程类高级职称。

3. 具有5个以上工程类别的专业甲级工程监理资质。

4. 注册监理工程师不少于60人,注册造价工程师不少于5人,一级注册建造师、一级注册建筑师、一级注册结构工程师或者其它勘察设计注册工程师合计不少于15人次。

5. 企业具有完善的组织结构和质量管理体系,有健全的技术、档案等管理制度。

6. 企业具有必要的工程试验检测设备。

7. 申请工程监理资质之日前一年内没有本规定第十六条禁止的行为。

8. 申请工程监理资质之日前一年内没有因本企业监理责任造成重大质量事故。

9. 申请工程监理资质之日前一年内没有因本企业监理责任发生三级以上工程建设重大安全事故或者发生两起以上四级工程建设安全事故。

(二)专业资质标准

1. 甲级

(1)具有独立法人资格且具有符合国家有关规定的资产。

(2)企业技术负责人应为注册监理工程师,并具有15年以上从事工程建设工作的经历或者具有工程类高级职称。

(3)注册监理工程师、注册造价工程师、一级注册建造师、一级注册建筑师、一级注册结构工程师或者其它勘察设计注册工程师合计不少于25人次;其中,相应专业注册监理工程师不少于《专业资质注册监理工程师人数配备表》(附表1)中要求配备的人数,注册造价工程师不少于2人。

(4)企业近2年内独立监理过3个以上相应专业的二级工程项目,但是,具有甲级设计资质或一级及以上施工总承包资质的企业申请本专业工程类别甲级资质的除外。

(5)企业具有完善的组织结构和质量管理体系,有健全的技术、档案等管理制度。

(6)企业具有必要的工程试验检测设备。

(7)申请工程监理资质之日前一年内没有本规定第十六条禁止的行为。

(8)申请工程监理资质之日前一年内没有因本企业监理责任造成重大质量事故。

(9)申请工程监理资质之日前一年内没有因本企业监理责任发生三级以上工程建设重大安全事故或者发生两起以上四级工程建设安全事故。

2. 乙级

(1)具有独立法人资格且具有符合国家有关规定的资产。

(2)企业技术负责人应为注册监理工程师,并具有10年以上从事工程建设工作的经历。

(3)注册监理工程师、注册造价工程师、一级注册建造师、一级注册建筑师、一级注册结构工程师或者其它勘察设计注册工程师合计不少于15人次。其中,相应专业注册监理工程师不少于《专业资质注册监理工程师人数配备表》(附表1)中要求配备的人数,注册造价工程师不少于1人。

(4)有较完善的组织结构和质量管理体系,有技术、档案等管理制度。

(5)有必要的工程试验检测设备。

(6)申请工程监理资质之日前一年内没有本规定第十六条禁止的行为。

(7)申请工程监理资质之日前一年内没有因本企业监理责任造成重大质量事故。

(8)申请工程监理资质之日前一年内没有因本企业监理责任发生三级以上工程建设重大安全事故或者发生两起以上四级工程建设安全事故。

3.丙级

(1)具有独立法人资格且具有符合国家有关规定的资产。

(2)企业技术负责人应为注册监理工程师,并具有8年以上从事工程建设工作的经历。

(3)相应专业的注册监理工程师不少于《专业资质注册监理工程师人数配备表》(附表1)中要求配备的人数。

(4)有必要的质量管理体系和规章制度。

(5)有必要的工程试验检测设备。

(三)事务所资质标准

1.取得合伙企业营业执照,具有书面合作协议书。

2.合伙人中有3名以上注册监理工程师,合伙人均有5年以上从事建设工程监理的工作经历。

3.有固定的工作场所。

4.有必要的质量管理体系和规章制度。

5.有必要的工程试验检测设备。

第八条 工程监理企业资质相应许可的业务范围如下:

(一)综合资质

可以承担所有专业工程类别建设工程项目的工程监理业务。

(二)专业资质

1.专业甲级资质

可承担相应专业工程类别建设工程项目的工程监理业务(见附表2)。

2.专业乙级资质

可承担相应专业工程类别二级以下(含二级)建设工程项目的工程监理业务(见附表2)。

3.专业丙级资质

可承担相应专业工程类别三级建设工程项目的工程监理业务(见附表2)。

(三)事务所资质

可承担三级建设工程项目的工程监理业务(见附表2),但是,国家规定必须实行强制监理的工程除外。

工程监理企业可以开展相应类别建设工程的项目管理、技术咨询等业务。

第三章 资质申请和审批

第九条 申请综合资质、专业甲级资质的,可以向企业工商注册所在地的省、自治区、直辖市人民政府住房城乡建设主管部门提交申请材料。

省、自治区、直辖市人民政府住房城乡建设主管部门收到申请材料后,应当在5日内将全部申请材料报审批部门。

国务院住房城乡建设主管部门在收到申请材料后,应当依法作出是否受理的决定,并出具凭证;申请材料不齐全或者不符合法定形式的,应当在5日内一次性告知申请人需要补正的全部内容。逾期不告知的,自收到申请材料之日起即为受理。

国务院住房城乡建设主管部门应当自受理之日起20日内作出审批决定。自作出决定之日起10日内公告审批结果。其中,涉及铁路、交通、水利、通信、民航等专业工程监理资质的,由国务院住房城乡建设主管部门送国务院有关部门审核。国务院有关部门应当在15日内审核完毕,并将审核意见报国务院住房城乡建设主管部门。

组织专家评审所需时间不计算在上述时限内,但应当明确告知申请人。

第十条 专业乙级、丙级资质和事务所资质由企业所在地省、自治区、直辖市人民政府住房城乡建设主管部门审批。

专业乙级、丙级资质和事务所资质许可。延续的实施程序由省、自治区、直辖市人民政府住房城乡建设主管部门依法确定。

省、自治区、直辖市人民政府住房城乡建设主管部门应当自作出决定之日起10日内,将准予资质许可的决定报国务院住房城乡建设主管部门备案。

第十一条 工程监理企业资质证书分为正本和副本,每套资质证书包括一本正本,四本副本。正、副本具有同等法律效力。

工程监理企业资质证书的有效期为5年。

工程监理企业资质证书由国务院住房城乡建设主管部门统一印制并发放。

第十二条 企业申请工程监理企业资质,在资质许可机关的网站或审批平台提出申请事项,提交专业技术人员、技术装备和已完成业绩等电子材料。

第十三条 资质有效期届满,工程监理企业需要继续从事工程监理活动的,应当在资质证书有效期届满60日前,向原资质许可机关申请办理延续手续。

对在资质有效期内遵守有关法律、法规、规章、技术标准,信用档案中无不良记录,且专业技术人员满足资质标准要求的企业,经资质许可机关同意,有效期延续5年。

第十四条 工程监理企业在资质证书有效期内名称、地址、注册资本、法定代表人等发生变更的,应当在工商行政管理部门办理变更手续后30日内办理资质证书变更手续。

涉及综合资质、专业甲级资质证书中企业名称变更的,由国务院住房城乡建设主管部门负责办理,并自受理申请之日起3日内办理变更手续。

前款规定以外的资质证书变更手续,由省、自治区、直辖市人民政府住房城乡建设主管部门负责办理。省、自治区、直辖市人民政府住房城乡建设主管部门应当自受理申请之日起3日内办理变更手续,并在办理资质证书变更手续后15日内将变更结果报国务院住房城乡建设主管部门备案。

第十五条 申请资质证书变更,应当提交以下材料:

(一)资质证书变更的申请报告;

(二)企业法人营业执照副本原件;

(三)工程监理企业资质证书正、副本原件。

工程监理企业改制的,除前款规定材料外,还应当提交企业职工代表大会或股东大会关于企业改制或股权变更的决议、企业上级主管部门关于企业申请改制的批复文件。

第十六条 工程监理企业不得有下列行为:

(一)与建设单位串通投标或者与其他工程监理企业串通投标,以行贿手段谋取中标;

(二)与建设单位或者施工单位串通弄虚作假、降低工程质量;

（三）将不合格的建设工程、建筑材料、建筑构配件和设备按照合格签字；

（四）超越本企业资质等级或以其他企业名义承揽监理业务；

（五）允许其他单位或个人以本企业的名义承揽工程；

（六）将承揽的监理业务转包；

（七）在监理过程中实施商业贿赂；

（八）涂改、伪造、出借、转让工程监理企业资质证书；

（九）其他违反法律法规的行为。

第十七条　工程监理企业合并的，合并后存续或者新设立的工程监理企业可以承继合并前各方中较高的资质等级，但应当符合相应的资质等级条件。

工程监理企业分立的，分立后企业的资质等级，根据实际达到的资质条件，按照本规定的审批程序核定。

第十八条　企业需增补工程监理企业资质证书的（含增加、更换、遗失补办），应当持资质证书增补申请及电子文档等材料向资质许可机关申请办理。遗失资质证书的，在申请补办前应当在公众媒体刊登遗失声明。资质许可机关应当自受理申请之日起3日内予以办理。

第四章　监　督　管　理

第十九条　县级以上人民政府住房城乡建设主管部门和其他有关部门应当依照有关法律、法规和本规定，加强对工程监理企业资质的监督管理。

第二十条　住房城乡建设主管部门履行监督检查职责时，有权采取下列措施：

（一）要求被检查单位提供工程监理企业资质证书、注册监理工程师注册执业证书，有关工程监理业务的文档，有关质量管理、安全生产管理、档案管理等企业内部管理制度的文件；

（二）进入被检查单位进行检查，查阅相关资料；

（三）纠正违反有关法律、法规和本规定及有关规范和标准的行为。

第二十一条　住房城乡建设主管部门进行监督检查时，应当有两名以上监督检查人员参加，并出示执法证件，不得妨碍被检查单位的正常经营活动，不得索取或者收受财物、谋取其他利益。

有关单位和个人对依法进行的监督检查应当协助与配合,不得拒绝或者阻挠。

监督检查机关应当将监督检查的处理结果向社会公布。

第二十二条　工程监理企业违法从事工程监理活动的,违法行为发生地的县级以上地方人民政府住房城乡建设主管部门应当依法查处,并将违法事实、处理结果或处理建议及时报告该工程监理企业资质的许可机关。

第二十三条　工程监理企业取得工程监理企业资质后不再符合相应资质条件的,资质许可机关根据利害关系人的请求或者依据职权,可以责令其限期改正;逾期不改的,可以撤回其资质。

第二十四条　有下列情形之一的,资质许可机关或者其上级机关,根据利害关系人的请求或者依据职权,可以撤销工程监理企业资质:

(一)资质许可机关工作人员滥用职权、玩忽职守作出准予工程监理企业资质许可的;

(二)超越法定职权作出准予工程监理企业资质许可的;

(三)违反资质审批程序作出准予工程监理企业资质许可的;

(四)对不符合许可条件的申请人作出准予工程监理企业资质许可的;

(五)依法可以撤销资质证书的其他情形。

以欺骗、贿赂等不正当手段取得工程监理企业资质证书的,应当予以撤销。

第二十五条　有下列情形之一的,工程监理企业应当及时向资质许可机关提出注销资质的申请,交回资质证书,国务院住房城乡建设主管部门应当办理注销手续,公告其资质证书作废:

(一)资质证书有效期届满,未依法申请延续的;

(二)工程监理企业依法终止的;

(三)工程监理企业资质依法被撤销、撤回或吊销的;

(四)法律、法规规定的应当注销资质的其他情形。

第二十六条　工程监理企业应当按照有关规定,向资质许可机关提供真实、准确、完整的工程监理企业的信用档案信息。

工程监理企业的信用档案应当包括基本情况、业绩、工程质量和安全、合同违约等情况。被投诉举报和处理、行政处罚等情况应当作为不良行为记入其信用档案。

工程监理企业的信用档案信息按照有关规定向社会公示,公众有权查阅。

第五章 法律责任

第二十七条 申请人隐瞒有关情况或者提供虚假材料申请工程监理企业资质的,资质许可机关不予受理或者不予行政许可,并给予警告,申请人在1年内不得再次申请工程监理企业资质。

第二十八条 以欺骗、贿赂等不正当手段取得工程监理企业资质证书的,由县级以上地方人民政府住房城乡建设主管部门或者有关部门给予警告,并处1万元以上2万元以下的罚款,申请人3年内不得再次申请工程监理企业资质。

第二十九条 工程监理企业有本规定第十六条第七项、第八项行为之一的,由县级以上地方人民政府住房城乡建设主管部门或者有关部门予以警告,责令其改正,并处1万元以上3万元以下的罚款;造成损失的,依法承担赔偿责任;构成犯罪的,依法追究刑事责任。

第三十条 违反本规定,工程监理企业不及时办理资质证书变更手续的,由资质许可机关责令限期办理;逾期不办理的,可处以1千元以上1万元以下的罚款。

第三十一条 工程监理企业未按照本规定要求提供工程监理企业信用档案信息的,由县级以上地方人民政府住房城乡建设主管部门予以警告,责令限期改正;逾期未改正的,可处以1千元以上1万元以下的罚款。

第三十二条 县级以上地方人民政府住房城乡建设主管部门依法给予工程监理企业行政处罚的,应当将行政处罚决定以及给予行政处罚的事实、理由和依据,报国务院住房城乡建设主管部门备案。

第三十三条 县级以上人民政府住房城乡建设主管部门及有关部门有下列情形之一的,由其上级行政主管部门或者监察机关责令改正,对直接负责的主管人员和其他直接责任人员依法给予处分;构成犯罪的,依法追究刑事责任:

(一)对不符合本规定条件的申请人准予工程监理企业资质许可的;

（二）对符合本规定条件的申请人不予工程监理企业资质许可或者不在法定期限内作出准予许可决定的；

（三）对符合法定条件的申请不予受理或者未在法定期限内初审完毕的；

（四）利用职务上的便利，收受他人财物或者其他好处的；

（五）不依法履行监督管理职责或者监督不力，造成严重后果的。

第六章 附 则

第三十四条 本规定自2007年8月1日起施行。2001年8月29日建设部颁布的《工程监理企业资质管理规定》（建设部令第102号）同时废止。

附件：1. 专业资质注册监理工程师人数配备表（略）
　　　2. 专业工程类别和等级表（略）

建筑工程施工许可管理办法

（2014年6月25日住房和城乡建设部令第18号发布　根据2018年9月28日住房和城乡建设部令第42号《关于修改〈建筑工程施工许可管理办法〉的决定》第一次修正　根据2021年3月30日住房和城乡建设部令第52号《关于修改〈建筑工程施工许可管理办法〉等三部规章的决定》第二次修正）

第一条 为了加强对建筑活动的监督管理，维护建筑市场秩序，保证建筑工程的质量和安全，根据《中华人民共和国建筑法》，制定本办法。

第二条 在中华人民共和国境内从事各类房屋建筑及其附属设施的建造、装修装饰和与其配套的线路、管道、设备的安装，以及城镇市政基础设施工程的施工，建设单位在开工前应当依照本办法的规定，向工程所在地的县级以上地方人民政府住房城乡建设主管部门(以下简称发证机关)申请领取施工许可证。

工程投资额在30万元以下或者建筑面积在300平方米以下的建筑工程,可以不申请办理施工许可证。省、自治区、直辖市人民政府住房城乡建设主管部门可以根据当地的实际情况,对限额进行调整,并报国务院住房城乡建设主管部门备案。

按照国务院规定的权限和程序批准开工报告的建筑工程,不再领取施工许可证。

第三条 本办法规定应当申请领取施工许可证的建筑工程未取得施工许可证的,一律不得开工。

任何单位和个人不得将应当申请领取施工许可证的工程项目分解为若干限额以下的工程项目,规避申请领取施工许可证。

第四条 建设单位申请领取施工许可证,应当具备下列条件,并提交相应的证明文件:

(一)依法应当办理用地批准手续的,已经办理该建筑工程用地批准手续。

(二)依法应当办理建设工程规划许可证的,已经取得建设工程规划许可证。

(三)施工场地已经基本具备施工条件,需要征收房屋的,其进度符合施工要求。

(四)已经确定施工企业。按照规定应当招标的工程没有招标,应当公开招标的工程没有公开招标,或者肢解发包工程,以及将工程发包给不具备相应资质条件的企业的,所确定的施工企业无效。

(五)有满足施工需要的资金安排、施工图纸及技术资料,建设单位应当提供建设资金已经落实承诺书,施工图设计文件已按规定审查合格。

(六)有保证工程质量和安全的具体措施。施工企业编制的施工组织设计中有根据建筑工程特点制定的相应质量、安全技术措施。建立工程质量安全责任制并落实到人。专业性较强的工程项目编制了专项质量、安全施工组织设计,并按照规定办理了工程质量、安全监督手续。

县级以上地方人民政府住房城乡建设主管部门不得违反法律法规规定,增设办理施工许可证的其他条件。

第五条 申请办理施工许可证,应当按照下列程序进行:

(一)建设单位向发证机关领取《建筑工程施工许可证申请表》。

(二)建设单位持加盖单位及法定代表人印鉴的《建筑工程施工许可证申请表》,并附本办法第四条规定的证明文件,向发证机关提出申请。

(三)发证机关在收到建设单位报送的《建筑工程施工许可证申请表》和所附证明文件后,对于符合条件的,应当自收到申请之日起七日内颁发施工许可证;对于证明文件不齐全或者失效的,应当当场或者五日内一次告知建设单位需要补正的全部内容,审批时间可以自证明文件补正齐全后作相应顺延;对于不符合条件的,应当自收到申请之日起七日内书面通知建设单位,并说明理由。

建筑工程在施工过程中,建设单位或者施工单位发生变更的,应当重新申请领取施工许可证。

第六条 建设单位申请领取施工许可证的工程名称、地点、规模,应当符合依法签订的施工承包合同。

施工许可证应当放置在施工现场备查,并按规定在施工现场公开。

第七条 施工许可证不得伪造和涂改。

第八条 建设单位应当自领取施工许可证之日起三个月内开工。因故不能按期开工的,应当在期满前向发证机关申请延期,并说明理由;延期以两次为限,每次不超过三个月。既不开工又不申请延期或者超过延期次数、时限的,施工许可证自行废止。

第九条 在建的建筑工程因故中止施工的,建设单位应当自中止施工之日起一个月内向发证机关报告,报告内容包括中止施工的时间、原因、在施部位、维修管理措施等,并按照规定做好建筑工程的维护管理工作。

建筑工程恢复施工时,应当向发证机关报告;中止施工满一年的工程恢复施工前,建设单位应当报发证机关核验施工许可证。

第十条 发证机关应当将办理施工许可证的依据、条件、程序、期限以及需要提交的全部材料和申请表示范文本等,在办公场所和有关网站予以公示。

发证机关作出的施工许可决定,应当予以公开,公众有权查阅。

第十一条 发证机关应当建立颁发施工许可证后的监督检查制度,对取得施工许可证后条件发生变化、延期开工、中止施工等行为进行监督检查,发现违法违规行为及时处理。

第十二条 对于未取得施工许可证或者为规避办理施工许可证将工程项目分解后擅自施工的,由有管辖权的发证机关责令停止施工,限期改正,对建设单位处工程合同价款1%以上2%以下罚款;对施工单位处3万元以下罚款。

第十三条 建设单位采用欺骗、贿赂等不正当手段取得施工许可证的,由原发证机关撤销施工许可证,责令停止施工,并处1万元以上3万元以下罚款;构成犯罪的,依法追究刑事责任。

第十四条 建设单位隐瞒有关情况或者提供虚假材料申请施工许可证的,发证机关不予受理或者不予许可,并处1万元以上3万元以下罚款;构成犯罪的,依法追究刑事责任。

建设单位伪造或者涂改施工许可证的,由发证机关责令停止施工,并处1万元以上3万元以下罚款;构成犯罪的,依法追究刑事责任。

第十五条 依照本办法规定,给予单位罚款处罚的,对单位直接负责的主管人员和其他直接责任人员处单位罚款数额5%以上10%以下罚款。

单位及相关责任人受到处罚的,作为不良行为记录予以通报。

第十六条 发证机关及其工作人员,违反本办法,有下列情形之一的,由其上级行政机关或者监察机关责令改正;情节严重的,对直接负责的主管人员和其他直接责任人员,依法给予行政处分:

(一)对不符合条件的申请人准予施工许可的;

(二)对符合条件的申请人不予施工许可或者未在法定期限内作出准予许可决定的;

(三)对符合条件的申请不予受理的;

(四)利用职务上的便利,收受他人财物或者谋取其他利益的;

(五)不依法履行监督职责或者监督不力,造成严重后果的。

第十七条 建筑工程施工许可证由国务院住房城乡建设主管部门制定格式,由各省、自治区、直辖市人民政府住房城乡建设主管部门统一印制。

施工许可证分为正本和副本,正本和副本具有同等法律效力。复印的施工许可证无效。

第十八条 本办法关于施工许可管理的规定适用于其他专业建筑工程。有关法律、行政法规有明确规定的,从其规定。

《建筑法》第八十三条第三款规定的建筑活动,不适用本办法。

军事房屋建筑工程施工许可的管理,按国务院、中央军事委员会制定的办法执行。

第十九条 省、自治区、直辖市人民政府住房城乡建设主管部门可以根据本办法制定实施细则。

第二十条 本办法自2014年10月25日起施行。1999年10月15日建设部令第71号发布、2001年7月4日建设部令第91号修正的《建筑工程施工许可管理办法》同时废止。

二、发包与承包

中华人民共和国民法典(节录)

(2020年5月28日第十三届全国人民代表大会第三次会议通过 2020年5月28日中华人民共和国主席令第45号公布 自2021年1月1日起施行)

第十八章 建设工程合同

第七百八十八条 建设工程合同是承包人进行工程建设,发包人支付价款的合同。

建设工程合同包括工程勘察、设计、施工合同。

第七百八十九条 建设工程合同应当采用书面形式。

第七百九十条 建设工程的招标投标活动,应当依照有关法律的规定公开、公平、公正进行。

第七百九十一条 发包人可以与总承包人订立建设工程合同,也可以分别与勘察人、设计人、施工人订立勘察、设计、施工承包合同。发包人不得将应当由一个承包人完成的建设工程支解成若干部分发包给数个承包人。

总承包人或者勘察、设计、施工承包人经发包人同意,可以将自己承包的部分工作交由第三人完成。第三人就其完成的工作成果与总承包人或者勘察、设计、施工承包人向发包人承担连带责任。承包人不得将其承包的全部建设工程转包给第三人或者将其承包的全部建设工程支解以后以分包的名义分别转包给第三人。

禁止承包人将工程分包给不具备相应资质条件的单位。禁止分包单位将其承包的工程再分包。建设工程主体结构的施工必须由承包人自行完成。

第七百九十二条 国家重大建设工程合同,应当按照国家规定的程序和国家批准的投资计划、可行性研究报告等文件订立。

第七百九十三条 建设工程施工合同无效,但是建设工程经验收合格的,可以参照合同关于工程价款的约定折价补偿承包人。

建设工程施工合同无效,且建设工程经验收不合格的,按照以下情形处理:

(一)修复后的建设工程经验收合格的,发包人可以请求承包人承担修复费用;

(二)修复后的建设工程经验收不合格的,承包人无权请求参照合同关于工程价款的约定折价补偿。

发包人对因建设工程不合格造成的损失有过错的,应当承担相应的责任。

第七百九十四条 勘察、设计合同的内容一般包括提交有关基础资料和概预算等文件的期限、质量要求、费用以及其他协作条件等条款。

第七百九十五条 施工合同的内容一般包括工程范围、建设工期、中间交工工程的开工和竣工时间、工程质量、工程造价、技术资料交付时间、材料和设备供应责任、拨款和结算、竣工验收、质量保修范围和质量保证期、相互协作等条款。

第七百九十六条 建设工程实行监理的,发包人应当与监理人采用书面形式订立委托监理合同。发包人与监理人的权利和义务以及法律责任,应当依照本编委托合同以及其他有关法律、行政法规的规定。

第七百九十七条 发包人在不妨碍承包人正常作业的情况下,可以随时对作业进度、质量进行检查。

第七百九十八条 隐蔽工程在隐蔽以前，承包人应当通知发包人检查。发包人没有及时检查的，承包人可以顺延工程日期，并有权请求赔偿停工、窝工等损失。

第七百九十九条 建设工程竣工后，发包人应当根据施工图纸及说明书、国家颁发的施工验收规范和质量检验标准及时进行验收。验收合格的，发包人应当按照约定支付价款，并接收该建设工程。

建设工程竣工经验收合格后，方可交付使用；未经验收或者验收不合格的，不得交付使用。

第八百条 勘察、设计的质量不符合要求或者未按照期限提交勘察、设计文件拖延工期，造成发包人损失的，勘察人、设计人应当继续完善勘察、设计，减收或者免收勘察、设计费并赔偿损失。

第八百零一条 因施工人的原因致使建设工程质量不符合约定的，发包人有权请求施工人在合理期限内无偿修理或者返工、改建。经过修理或者返工、改建后，造成逾期交付的，施工人应当承担违约责任。

第八百零二条 因承包人的原因致使建设工程在合理使用期限内造成人身损害和财产损失的，承包人应当承担赔偿责任。

第八百零三条 发包人未按照约定的时间和要求提供原材料、设备、场地、资金、技术资料的，承包人可以顺延工程日期，并有权请求赔偿停工、窝工等损失。

第八百零四条 因发包人的原因致使工程中途停建、缓建的，发包人应当采取措施弥补或者减少损失，赔偿承包人因此造成的停工、窝工、倒运、机械设备调迁、材料和构件积压等损失和实际费用。

第八百零五条 因发包人变更计划，提供的资料不准确，或者未按照期限提供必需的勘察、设计工作条件而造成勘察、设计的返工、停工或者修改设计，发包人应当按照勘察人、设计人实际消耗的工作量增付费用。

第八百零六条 承包人将建设工程转包、违法分包的，发包人可以解除合同。

发包人提供的主要建筑材料、建筑构配件和设备不符合强制性标准或者不履行协助义务，致使承包人无法施工，经催告后在合理期限内仍未履行相应义务的，承包人可以解除合同。

合同解除后,已经完成的建设工程质量合格的,发包人应当按照约定支付相应的工程价款;已经完成的建设工程质量不合格的,参照本法第七百九十三条的规定处理。

第八百零七条 发包人未按照约定支付价款的,承包人可以催告发包人在合理期限内支付价款。发包人逾期不支付的,除根据建设工程的性质不宜折价、拍卖外,承包人可以与发包人协议将该工程折价,也可以请求人民法院将该工程依法拍卖。建设工程的价款就该工程折价或者拍卖的价款优先受偿。

第八百零八条 本章没有规定的,适用承揽合同的有关规定。

最高人民法院关于审理建设工程施工合同纠纷案件适用法律问题的解释(一)

(2020年12月25日最高人民法院审判委员会第1825次会议通过 2020年12月29日公布法释〔2020〕25号 自2021年1月1日起施行)

为正确审理建设工程施工合同纠纷案件,依法保护当事人合法权益,维护建筑市场秩序,促进建筑市场健康发展,根据《中华人民共和国民法典》《中华人民共和国建筑法》《中华人民共和国招标投标法》《中华人民共和国民事诉讼法》等相关法律规定,结合审判实践,制定本解释。

第一条 建设工程施工合同具有下列情形之一的,应当依据民法典第一百五十三条第一款的规定,认定无效:

(一)承包人未取得建筑业企业资质或者超越资质等级的;

(二)没有资质的实际施工人借用有资质的建筑施工企业名义的;

(三)建设工程必须进行招标而未招标或者中标无效的。

承包人因转包、违法分包建设工程与他人签订的建设工程施工合同，应当依据民法典第一百五十三条第一款及第七百九十一条第二款、第三款的规定，认定无效。

第二条 招标人和中标人另行签订的建设工程施工合同约定的工程范围、建设工期、工程质量、工程价款等实质性内容，与中标合同不一致，一方当事人请求按照中标合同确定权利义务的，人民法院应予支持。

招标人和中标人在中标合同之外就明显高于市场价格购买承建房产、无偿建设住房配套设施、让利、向建设单位捐赠财物等另行签订合同，变相降低工程价款，一方当事人以该合同背离中标合同实质性内容为由请求确认无效的，人民法院应予支持。

第三条 当事人以发包人未取得建设工程规划许可证等规划审批手续为由，请求确认建设工程施工合同无效的，人民法院应予支持，但发包人在起诉前取得建设工程规划许可证等规划审批手续的除外。

发包人能够办理审批手续而未办理，并以未办理审批手续为由请求确认建设工程施工合同无效的，人民法院不予支持。

第四条 承包人超越资质等级许可的业务范围签订建设工程施工合同，在建设工程竣工前取得相应资质等级，当事人请求按照无效合同处理的，人民法院不予支持。

第五条 具有劳务作业法定资质的承包人与总承包人、分包人签订的劳务分包合同，当事人请求确认无效的，人民法院依法不予支持。

第六条 建设工程施工合同无效，一方当事人请求对方赔偿损失的，应当就对方过错、损失大小、过错与损失之间的因果关系承担举证责任。

损失大小无法确定，一方当事人请求参照合同约定的质量标准、建设工期、工程价款支付时间等内容确定损失大小的，人民法院可以结合双方过错程度、过错与损失之间的因果关系等因素作出裁判。

第七条 缺乏资质的单位或者个人借用有资质的建筑施工企业名义签订建设工程施工合同，发包人请求出借方与借用方对建设工程质量不合格等因出借资质造成的损失承担连带赔偿责任的，人民法院应予支持。

第八条 当事人对建设工程开工日期有争议的，人民法院应当分别按照以下情形予以认定：

（一）开工日期为发包人或者监理人发出的开工通知载明的开工日期；

开工通知发出后,尚不具备开工条件的,以开工条件具备的时间为开工日期;因承包人原因导致开工时间推迟的,以开工通知载明的时间为开工日期。

(二)承包人经发包人同意已经实际进场施工的,以实际进场施工时间为开工日期。

(三)发包人或者监理人未发出开工通知,亦无相关证据证明实际开工日期的,应当综合考虑开工报告、合同、施工许可证、竣工验收报告或者竣工验收备案表等载明的时间,并结合是否具备开工条件的事实,认定开工日期。

第九条 当事人对建设工程实际竣工日期有争议的,人民法院应当分别按照以下情形予以认定:

(一)建设工程经竣工验收合格的,以竣工验收合格之日为竣工日期;

(二)承包人已经提交竣工验收报告,发包人拖延验收的,以承包人提交验收报告之日为竣工日期;

(三)建设工程未经竣工验收,发包人擅自使用的,以转移占有建设工程之日为竣工日期。

第十条 当事人约定顺延工期应当经发包人或者监理人签证等方式确认,承包人虽未取得工期顺延的确认,但能够证明在合同约定的期限内向发包人或者监理人申请过工期顺延且顺延事由符合合同约定,承包人以此为由主张工期顺延的,人民法院应予支持。

当事人约定承包人未在约定期限内提出工期顺延申请视为工期不顺延的,按照约定处理,但发包人在约定期限后同意工期顺延或者承包人提出合理抗辩的除外。

第十一条 建设工程竣工前,当事人对工程质量发生争议,工程质量经鉴定合格的,鉴定期间为顺延工期期间。

第十二条 因承包人的原因造成建设工程质量不符合约定,承包人拒绝修理、返工或者改建,发包人请求减少支付工程价款的,人民法院应予支持。

第十三条 发包人具有下列情形之一,造成建设工程质量缺陷,应当承担过错责任:

(一)提供的设计有缺陷;

(二)提供或者指定购买的建筑材料、建筑构配件、设备不符合强制性标准;

(三)直接指定分包人分包专业工程。

承包人有过错的,也应当承担相应的过错责任。

第十四条 建设工程未经竣工验收,发包人擅自使用后,又以使用部分质量不符合约定为由主张权利的,人民法院不予支持;但是承包人应当在建设工程的合理使用寿命内对地基基础工程和主体结构质量承担民事责任。

第十五条 因建设工程质量发生争议的,发包人可以以总承包人、分包人和实际施工人为共同被告提起诉讼。

第十六条 发包人在承包人提起的建设工程施工合同纠纷案件中,以建设工程质量不符合合同约定或者法律规定为由,就承包人支付违约金或者赔偿修理、返工、改建的合理费用等损失提出反诉的,人民法院可以合并审理。

第十七条 有下列情形之一,承包人请求发包人返还工程质量保证金的,人民法院应予支持:

(一)当事人约定的工程质量保证金返还期限届满;

(二)当事人未约定工程质量保证金返还期限的,自建设工程通过竣工验收之日起满二年;

(三)因发包人原因建设工程未按约定期限进行竣工验收的,自承包人提交工程竣工验收报告九十日后当事人约定的工程质量保证金返还期限届满;当事人未约定工程质量保证金返还期限的,自承包人提交工程竣工验收报告九十日后起满二年。

发包人返还工程质量保证金后,不影响承包人根据合同约定或者法律规定履行工程保修义务。

第十八条 因保修人未及时履行保修义务,导致建筑物毁损或者造成人身损害、财产损失的,保修人应当承担赔偿责任。

保修人与建筑物所有人或者发包人对建筑物毁损均有过错的,各自承担相应的责任。

第十九条 当事人对建设工程的计价标准或者计价方法有约定的,按照约定结算工程价款。

因设计变更导致建设工程的工程量或者质量标准发生变化,当事人对该部分工程价款不能协商一致的,可以参照签订建设工程施工合同时当地建设行政主管部门发布的计价方法或者计价标准结算工程价款。

建设工程施工合同有效,但建设工程经竣工验收不合格的,依照民法典第五百七十七条规定处理。

第二十条 当事人对工程量有争议的,按照施工过程中形成的签证等书面文件确认。承包人能够证明发包人同意其施工,但未能提供签证文件证明工程量发生的,可以按照当事人提供的其他证据确认实际发生的工程量。

第二十一条 当事人约定,发包人收到竣工结算文件后,在约定期限内不予答复,视为认可竣工结算文件的,按照约定处理。承包人请求按照竣工结算文件结算工程价款的,人民法院应予支持。

第二十二条 当事人签订的建设工程施工合同与招标文件、投标文件、中标通知书载明的工程范围、建设工期、工程质量、工程价款不一致,一方当事人请求将招标文件、投标文件、中标通知书作为结算工程价款的依据的,人民法院应予支持。

第二十三条 发包人将依法不属于必须招标的建设工程进行招标后,与承包人另行订立的建设工程施工合同背离中标合同的实质性内容,当事人请求以中标合同作为结算建设工程价款依据的,人民法院应予支持,但发包人与承包人因客观情况发生了在招标投标时难以预见的变化而另行订立建设工程施工合同的除外。

第二十四条 当事人就同一建设工程订立的数份建设工程施工合同均无效,但建设工程质量合格,一方当事人请求参照实际履行的合同关于工程价款的约定折价补偿承包人的,人民法院应予支持。

实际履行的合同难以确定,当事人请求参照最后签订的合同关于工程价款的约定折价补偿承包人的,人民法院应予支持。

第二十五条 当事人对垫资和垫资利息有约定,承包人请求按照约定返还垫资及其利息的,人民法院应予支持,但是约定的利息计算标准高于垫资时的同类贷款利率或者同期贷款市场报价利率的部分除外。

当事人对垫资没有约定的,按照工程欠款处理。

当事人对垫资利息没有约定,承包人请求支付利息的,人民法院不予支持。

第二十六条 当事人对欠付工程价款利息计付标准有约定的,按照约定处理。没有约定的,按照同期同类贷款利率或者同期贷款市场报价利率计息。

第二十七条 利息从应付工程价款之日开始计付。当事人对付款时间没有约定或者约定不明的,下列时间视为应付款时间:

(一)建设工程已实际交付的,为交付之日;

（二）建设工程没有交付的，为提交竣工结算文件之日；

（三）建设工程未交付，工程价款也未结算的，为当事人起诉之日。

第二十八条 当事人约定按照固定价结算工程价款，一方当事人请求对建设工程造价进行鉴定的，人民法院不予支持。

第二十九条 当事人在诉讼前已经对建设工程价款结算达成协议，诉讼中一方当事人申请对工程造价进行鉴定的，人民法院不予准许。

第三十条 当事人在诉讼前共同委托有关机构、人员对建设工程造价出具咨询意见，诉讼中一方当事人不认可该咨询意见申请鉴定的，人民法院应予准许，但双方当事人明确表示受该咨询意见约束的除外。

第三十一条 当事人对部分案件事实有争议的，仅对有争议的事实进行鉴定，但争议事实范围不能确定，或者双方当事人请求对全部事实鉴定的除外。

第三十二条 当事人对工程造价、质量、修复费用等专门性问题有争议，人民法院认为需要鉴定的，应当向负有举证责任的当事人释明。当事人经释明未申请鉴定，虽申请鉴定但未支付鉴定费用或者拒不提供相关材料的，应当承担举证不能的法律后果。

一审诉讼中负有举证责任的当事人未申请鉴定，虽申请鉴定但未支付鉴定费用或者拒不提供相关材料，二审诉讼中申请鉴定，人民法院认为确有必要的，应当依照民事诉讼法第一百七十条第一款第三项的规定处理。

第三十三条 人民法院准许当事人的鉴定申请后，应当根据当事人申请及查明案件事实的需要，确定委托鉴定的事项、范围、鉴定期限等，并组织当事人对争议的鉴定材料进行质证。

第三十四条 人民法院应当组织当事人对鉴定意见进行质证。鉴定人将当事人有争议且未经质证的材料作为鉴定依据的，人民法院应当组织当事人就该部分材料进行质证。经质证认为不能作为鉴定依据的，根据该材料作出的鉴定意见不得作为认定案件事实的依据。

第三十五条 与发包人订立建设工程施工合同的承包人，依据民法典第八百零七条的规定请求其承建工程的价款就工程折价或者拍卖的价款优先受偿的，人民法院应予支持。

第三十六条 承包人根据民法典第八百零七条规定享有的建设工程价款优先受偿权优于抵押权和其他债权。

第三十七条 装饰装修工程具备折价或者拍卖条件,装饰装修工程的承包人请求工程价款就该装饰装修工程折价或者拍卖的价款优先受偿的,人民法院应予支持。

第三十八条 建设工程质量合格,承包人请求其承建工程的价款就工程折价或者拍卖的价款优先受偿的,人民法院应予支持。

第三十九条 未竣工的建设工程质量合格,承包人请求其承建工程的价款就其承建工程部分折价或者拍卖的价款优先受偿的,人民法院应予支持。

第四十条 承包人建设工程价款优先受偿的范围依照国务院有关行政主管部门关于建设工程价款范围的规定确定。

承包人就逾期支付建设工程价款的利息、违约金、损害赔偿金等主张优先受偿的,人民法院不予支持。

第四十一条 承包人应当在合理期限内行使建设工程价款优先受偿权,但最长不得超过十八个月,自发包人应当给付建设工程价款之日起算。

第四十二条 发包人与承包人约定放弃或者限制建设工程价款优先受偿权,损害建筑工人利益,发包人根据该约定主张承包人不享有建设工程价款优先受偿权的,人民法院不予支持。

第四十三条 实际施工人以转包人、违法分包人为被告起诉的,人民法院应当依法受理。

实际施工人以发包人为被告主张权利的,人民法院应当追加转包人或者违法分包人为本案第三人,在查明发包人欠付转包人或者违法分包人建设工程价款的数额后,判决发包人在欠付建设工程价款范围内对实际施工人承担责任。

第四十四条 实际施工人依据民法典第五百三十五条规定,以转包人或者违法分包人怠于向发包人行使到期债权或者与该债权有关的从权利,影响其到期债权实现,提起代位权诉讼的,人民法院应予支持。

第四十五条 本解释自 2021 年 1 月 1 日起施行。

建筑工程施工发包与承包
违法行为认定查处管理办法

(2019年1月3日印发 建市规〔2019〕1号
自2019年1月1日起施行）

第一条 为规范建筑工程施工发包与承包活动中违法行为的认定、查处和管理,保证工程质量和施工安全,有效遏制发包与承包活动中的违法行为,维护建筑市场秩序和建筑工程主要参与方的合法权益,根据《中华人民共和国建筑法》《中华人民共和国招标投标法》《中华人民共和国合同法》《建设工程质量管理条例》《建设工程安全生产管理条例》《中华人民共和国招标投标法实施条例》等法律法规,以及《全国人大法工委关于对建筑施工企业母公司承接工程后交由子公司实施是否属于转包以及行政处罚两年追溯期认定法律适用问题的意见》(法工办发〔2017〕223号),结合建筑活动实践,制定本办法。

第二条 本办法所称建筑工程,是指房屋建筑和市政基础设施工程及其附属设施和与其配套的线路、管道、设备安装工程。

第三条 住房和城乡建设部对全国建筑工程施工发包与承包违法行为的认定查处工作实施统一监督管理。

县级以上地方人民政府住房和城乡建设主管部门在其职责范围内具体负责本行政区域内建筑工程施工发包与承包违法行为的认定查处工作。

本办法所称的发包与承包违法行为具体是指违法发包、转包、违法分包及挂靠等违法行为。

第四条 建设单位与承包单位应严格依法签订合同,明确双方权利、义务、责任,严禁违法发包、转包、违法分包和挂靠,确保工程质量和施工安全。

第五条 本办法所称违法发包,是指建设单位将工程发包给个人或不具有相应资质的单位、肢解发包、违反法定程序发包及其他违反法律法规规定发包的行为。

第六条 存在下列情形之一的,属于违法发包:

(一)建设单位将工程发包给个人的;

(二)建设单位将工程发包给不具有相应资质的单位的;

(三)依法应当招标未招标或未按照法定招标程序发包的;

(四)建设单位设置不合理的招标投标条件,限制、排斥潜在投标人或者投标人的;

(五)建设单位将一个单位工程的施工分解成若干部分发包给不同的施工总承包或专业承包单位的。

第七条 本办法所称转包,是指承包单位承包工程后,不履行合同约定的责任和义务,将其承包的全部工程或者将其承包的全部工程肢解后以分包的名义分别转给其他单位或个人施工的行为。

第八条 存在下列情形之一的,应当认定为转包,但有证据证明属于挂靠或者其他违法行为的除外:

(一)承包单位将其承包的全部工程转给其他单位(包括母公司承接建筑工程后将所承接工程交由具有独立法人资格的子公司施工的情形)或个人施工的;

(二)承包单位将其承包的全部工程肢解以后,以分包的名义分别转给其他单位或个人施工的;

(三)施工总承包单位或专业承包单位未派驻项目负责人、技术负责人、质量管理负责人、安全管理负责人等主要管理人员,或派驻的项目负责人、技术负责人、质量管理负责人、安全管理负责人中一人及以上与施工单位没有订立劳动合同且没有建立劳动工资和社会养老保险关系,或派驻的项目负责人未对该工程的施工活动进行组织管理,又不能进行合理解释并提供相应证明的;

(四)合同约定由承包单位负责采购的主要建筑材料、构配件及工程设备或租赁的施工机械设备,由其他单位或个人采购、租赁,或施工单位不能提供有关采购、租赁合同及发票等证明,又不能进行合理解释并提供相应证明的;

（五）专业作业承包人承包的范围是承包单位承包的全部工程，专业作业承包人计取的是除上缴给承包单位"管理费"之外的全部工程价款的；

（六）承包单位通过采取合作、联营、个人承包等形式或名义，直接或变相将其承包的全部工程转给其他单位或个人施工的；

（七）专业工程的发包单位不是该工程的施工总承包或专业承包单位的，但建设单位依约作为发包单位的除外；

（八）专业作业的发包单位不是该工程承包单位的；

（九）施工合同主体之间没有工程款收付关系，或者承包单位收到款项后又将款项转拨给其他单位和个人，又不能进行合理解释并提供材料证明的。

两个以上的单位组成联合体承包工程，在联合体分工协议中约定或者在项目实际实施过程中，联合体一方不进行施工也未对施工活动进行组织管理的，并且向联合体其他方收取管理费或者其他类似费用的，视为联合体一方将承包的工程转包给联合体其他方。

第九条 本办法所称挂靠，是指单位或个人以其他有资质的施工单位的名义承揽工程的行为。

前款所称承揽工程，包括参与投标、订立合同、办理有关施工手续、从事施工等活动。

第十条 存在下列情形之一的，属于挂靠：

（一）没有资质的单位或个人借用其他施工单位的资质承揽工程的；

（二）有资质的施工单位相互借用资质承揽工程的，包括资质等级低的借用资质等级高的，资质等级高的借用资质等级低的，相同资质等级相互借用的；

（三）本办法第八条第一款第（三）至（九）项规定的情形，有证据证明属于挂靠的。

第十一条 本办法所称违法分包，是指承包单位承包工程后违反法律法规规定，把单位工程或分部分项工程分包给其他单位或个人施工的行为。

第十二条 存在下列情形之一的，属于违法分包：

（一）承包单位将其承包的工程分包给个人的；

（二）施工总承包单位或专业承包单位将工程分包给不具备相应资质单位的；

（三）施工总承包单位将施工总承包合同范围内工程主体结构的施工分包给其他单位的,钢结构工程除外；

（四）专业分包单位将其承包的专业工程中非劳务作业部分再分包的；

（五）专业作业承包人将其承包的劳务再分包的；

（六）专业作业承包人除计取劳务作业费用外,还计取主要建筑材料款和大中型施工机械设备、主要周转材料费用的。

第十三条 任何单位和个人发现违法发包、转包、违法分包及挂靠等违法行为的,均可向工程所在地县级以上人民政府住房和城乡建设主管部门进行举报。

接到举报的住房和城乡建设主管部门应当依法受理、调查、认定和处理,除无法告知举报人的情况外,应当及时将查处结果告知举报人。

第十四条 县级以上地方人民政府住房和城乡建设主管部门如接到人民法院、检察机关、仲裁机构、审计机关、纪检监察等部门转交或移送的涉及本行政区域内建筑工程发包与承包违法行为的建议或相关案件的线索或证据,应当依法受理、调查、认定和处理,并把处理结果及时反馈给转交或移送机构。

第十五条 县级以上人民政府住房和城乡建设主管部门对本行政区域内发现的违法发包、转包、违法分包及挂靠等违法行为,应当依法进行调查,按照本办法进行认定,并依法予以行政处罚。

（一）对建设单位存在本办法第五条规定的违法发包情形的处罚：

1. 依据本办法第六条(一)、(二)项规定认定的,依据《中华人民共和国建筑法》第六十五条、《建设工程质量管理条例》第五十四条规定进行处罚；

2. 依据本办法第六条(三)项规定认定的,依据《中华人民共和国招标投标法》第四十九条、《中华人民共和国招标投标法实施条例》第六十四条规定进行处罚；

3. 依据本办法第六条(四)项规定认定的,依据《中华人民共和国招标投标法》第五十一条、《中华人民共和国招标投标法实施条例》第六十三条规定进行处罚；

4. 依据本办法第六条(五)项规定认定的,依据《中华人民共和国建筑法》第六十五条、《建设工程质量管理条例》第五十五条规定进行处罚；

5. 建设单位违法发包,拒不整改或者整改后仍达不到要求的,视为没有依法确定施工企业,将其违法行为记入诚信档案,实行联合惩戒。对全部或部分使用国有资金的项目,同时将建设单位违法发包的行为告知其上级主管部门及纪检监察部门,并建议对建设单位直接负责的主管人员和其他直接责任人员给予相应的行政处分。

(二)对认定有转包、违法分包违法行为的施工单位,依据《中华人民共和国建筑法》第六十七条、《建设工程质量管理条例》第六十二条规定进行处罚。

(三)对认定有挂靠行为的施工单位或个人,依据《中华人民共和国招标投标法》第五十四条、《中华人民共和国建筑法》第六十五条和《建设工程质量管理条例》第六十条规定进行处罚。

(四)对认定有转让、出借资质证书或者以其他方式允许他人以本单位的名义承揽工程的施工单位,依据《中华人民共和国建筑法》第六十六条、《建设工程质量管理条例》第六十一条规定进行处罚。

(五)对建设单位、施工单位给予单位罚款处罚的,依据《建设工程质量管理条例》第七十三条、《中华人民共和国招标投标法》第四十九条、《中华人民共和国招标投标法实施条例》第六十四条规定,对单位直接负责的主管人员和其他直接责任人员进行处罚。

(六)对认定有转包、违法分包、挂靠、转让出借资质证书或者以其他方式允许他人以本单位的名义承揽工程等违法行为的施工单位,可依法限制其参加工程投标活动、承揽新的工程项目,并对其企业资质是否满足资质标准条件进行核查,对达不到资质标准要求的限期整改,整改后仍达不到要求的,资质审批机关撤回其资质证书。

对 2 年内发生 2 次及以上转包、违法分包、挂靠、转让出借资质证书或者以其他方式允许他人以本单位的名义承揽工程的施工单位,应当依法按照情节严重情形给予处罚。

(七)因违法发包、转包、违法分包、挂靠等违法行为导致发生质量安全事故的,应当依法按照情节严重情形给予处罚。

第十六条 对于违法发包、转包、违法分包、挂靠等违法行为的行政处罚追溯期限,应当按照法工办发〔2017〕223 号文件的规定,从存在违法发包、转包、违法分包、挂靠的建筑工程竣工验收之日起计算;合同工程量未全部完成而解除或终止履行合同的,自合同解除或终止之日起计算。

第十七条 县级以上人民政府住房和城乡建设主管部门应将查处的违法发包、转包、违法分包、挂靠等违法行为和处罚结果记入相关单位或个人信用档案，同时向社会公示，并逐级上报至住房和城乡建设部，在全国建筑市场监管公共服务平台公示。

第十八条 房屋建筑和市政基础设施工程以外的专业工程可参照本办法执行。省级人民政府住房和城乡建设主管部门可结合本地实际，依据本办法制定相应实施细则。

第十九条 本办法中施工总承包单位、专业承包单位均指直接承接建设单位发包的工程的单位；专业分包单位是指承接施工总承包或专业承包企业分包专业工程的单位；承包单位包括施工总承包单位、专业承包单位和专业分包单位。

第二十条 本办法由住房和城乡建设部负责解释。

第二十一条 本办法自2019年1月1日起施行。2014年10月1日起施行的《建筑工程施工转包违法分包等违法行为认定查处管理办法（试行）》（建市〔2014〕118号）同时废止。

建设工程价款结算暂行办法

(2004年10月20日财政部、建设部发布
财建〔2004〕369号)

第一章 总　　则

第一条 为加强和规范建设工程价款结算，维护建设市场正常秩序，根据《中华人民共和国合同法》、《中华人民共和国建筑法》、《中华人民共和国招标投标法》、《中华人民共和国预算法》、《中华人民共和国政府采购法》、

《中华人民共和国预算法实施条例》等有关法律、行政法规制订本办法。

第二条 凡在中华人民共和国境内的建设工程价款结算活动,均适用本办法。国家法律法规另有规定的,从其规定。

第三条 本办法所称建设工程价款结算(以下简称"工程价款结算"),是指对建设工程的发承包合同价款进行约定和依据合同约定进行工程预付款、工程进度款、工程竣工价款结算的活动。

第四条 国务院财政部门、各级地方政府财政部门和国务院建设行政主管部门、各级地方政府建设行政主管部门在各自职责范围内负责工程价款结算的监督管理。

第五条 从事工程价款结算活动,应当遵循合法、平等、诚信的原则,并符合国家有关法律、法规和政策。

第二章 工程合同价款的约定与调整

第六条 招标工程的合同价款应当在规定时间内,依据招标文件、中标人的投标文件,由发包人与承包人(以下简称"发、承包人")订立书面合同约定。

非招标工程的合同价款依据审定的工程预(概)算书由发、承包人在合同中约定。

合同价款在合同中约定后,任何一方不得擅自改变。

第七条 发包人、承包人应当在合同条款中对涉及工程价款结算的下列事项进行约定:

(一)预付工程款的数额、支付时限及抵扣方式;

(二)工程进度款的支付方式、数额及时限;

(三)工程施工中发生变更时,工程价款的调整方法、索赔方式、时限要求及金额支付方式;

(四)发生工程价款纠纷的解决方法;

(五)约定承担风险的范围及幅度以及超出约定范围和幅度的调整办法;

(六)工程竣工价款的结算与支付方式、数额及时限;

(七)工程质量保证(保修)金的数额、预扣方式及时限;

（八）安全措施和意外伤害保险费用；

（九）工期及工期提前或延后的奖惩办法；

（十）与履行合同、支付价款相关的担保事项。

第八条 发、承包人在签订合同时对于工程价款的约定，可选用下列一种约定方式：

（一）固定总价。合同工期较短且工程合同总价较低的工程，可以采用固定总价合同方式。

（二）固定单价。双方在合同中约定综合单价包含的风险范围和风险费用的计算方法，在约定的风险范围内综合单价不再调整。风险范围以外的综合单价调整方法，应当在合同中约定。

（三）可调价格。可调价格包括可调综合单价和措施费等，双方应在合同中约定综合单价和措施费的调整方法，调整因素包括：

1. 法律、行政法规和国家有关政策变化影响合同价款；

2. 工程造价管理机构的价格调整；

3. 经批准的设计变更；

4. 发包人更改经审定批准的施工组织设计（修正错误除外）造成费用增加；

5. 双方约定的其他因素。

第九条 承包人应当在合同规定的调整情况发生后 14 天内，将调整原因、金额以书面形式通知发包人，发包人确认调整金额后将其作为追加合同价款，与工程进度款同期支付。发包人收到承包人通知后 14 天内不予确认也不提出修改意见，视为已经同意该项调整。

当合同规定的调整合同价款的调整情况发生后，承包人未在规定时间内通知发包人，或者未在规定时间内提出调整报告，发包人可以根据有关资料，决定是否调整和调整的金额，并书面通知承包人。

第十条 工程设计变更价款调整

（一）施工中发生工程变更，承包人按照经发包人认可的变更设计文件，进行变更施工，其中，政府投资项目重大变更，需按基本建设程序报批后方可施工。

（二）在工程设计变更确定后 14 天内，设计变更涉及工程价款调整的，由承包人向发包人提出，经发包人审核同意后调整合同价款。变更合同价款按下列方法进行：

1. 合同中已有适用于变更工程的价格，按合同已有的价格变更合同价款；

2. 合同中只有类似于变更工程的价格，可以参照类似价格变更合同价款；

3. 合同中没有适用或类似于变更工程的价格，由承包人或发包人提出适当的变更价格，经对方确认后执行。如双方不能达成一致的，双方可提请工程所在地工程造价管理机构进行咨询或按合同约定的争议或纠纷解决程序办理。

（三）工程设计变更确定后14天内，如承包人未提出变更工程价款报告，则发包人可根据所掌握的资料决定是否调整合同价款和调整的具体金额。重大工程变更涉及工程价款变更报告和确认的时限由发承包双方协商确定。

收到变更工程价款报告一方，应在收到之日起14天内予以确认或提出协商意见，自变更工程价款报告送达之日起14天内，对方未确认也未提出协商意见时，视为变更工程价款报告已被确认。

确认增（减）的工程变更价款作为追加（减）合同价款与工程进度款同期支付。

第三章 工程价款结算

第十一条 工程价款结算应按合同约定办理，合同未作约定或约定不明的，发、承包双方应依照下列规定与文件协商处理：

（一）国家有关法律、法规和规章制度；

（二）国务院建设行政主管部门、省、自治区、直辖市或有关部门发布的工程造价计价标准、计价办法等有关规定；

（三）建设项目的合同、补充协议、变更签证和现场签证，以及经发、承包人认可的其他有效文件；

（四）其他可依据的材料。

第十二条 工程预付款结算应符合下列规定：

（一）包工包料工程的预付款按合同约定拨付，原则上预付比例不低于合同金额的 10%,不高于合同金额的 30%,对重大工程项目,按年度工程计划逐年预付。计价执行《建设工程工程量清单计价规范》(GB 50500—2003)的工程,实体性消耗和非实体性消耗部分应在合同中分别约定预付款比例。

(二)在具备施工条件的前提下,发包人应在双方签订合同后的一个月内或不迟于约定的开工日期前的 7 天内预付工程款,发包人不按约定预付,承包人应在预付时间到期后 10 天内向发包人发出要求预付的通知,发包人收到通知后仍不按要求预付,承包人可在发出通知 14 天后停止施工,发包人应从约定应付之日起向承包人支付应付款的利息(利率按同期银行贷款利率计),并承担违约责任。

(三)预付的工程款必须在合同中约定抵扣方式,并在工程进度款中进行抵扣。

(四)凡是没有签订合同或不具备施工条件的工程,发包人不得预付工程款,不得以预付款为名转移资金。

第十三条 工程进度款结算与支付应当符合下列规定:

(一)工程进度款结算方式

1. 按月结算与支付。即实行按月支付进度款,竣工后清算的办法。合同工期在两个年度以上的工程,在年终进行工程盘点,办理年度结算。

2. 分段结算与支付。即当年开工、当年不能竣工的工程按照工程形象进度,划分不同阶段支付工程进度款。具体划分在合同中明确。

(二)工程量计算

1. 承包人应当按照合同约定的方法和时间,向发包人提交已完工程量的报告。发包人接到报告后 14 天内核实已完工程量,并在核实前 1 天通知承包人,承包人应提供条件并派人参加核实,承包人收到通知后不参加核实,以发包人核实的工程量作为工程价款支付的依据。发包人不按约定时间通知承包人,致使承包人未能参加核实,核实结果无效。

2. 发包人收到承包人报告后 14 天内未核实完工程量,从第 15 天起,承包人报告的工程量即视为被确认,作为工程价款支付的依据,双方合同另有约定的,按合同执行。

3. 对承包人超出设计图纸(含设计变更)范围和因承包人原因造成返工的工程量,发包人不予计量。

（三）工程进度款支付

1. 根据确定的工程计量结果，承包人向发包人提出支付工程进度款申请，14 天内，发包人应按不低于工程价款的 60%，不高于工程价款的 90% 向承包人支付工程进度款。按约定时间发包人应扣回的预付款，与工程进度款同期结算抵扣。

2. 发包人超过约定的支付时间不支付工程进度款，承包人应及时向发包人发出要求付款的通知，发包人收到承包人通知后仍不能按要求付款，可与承包人协商签订延期付款协议，经承包人同意后可延期支付，协议应明确延期支付的时间和从工程计量结果确认后第 15 天起计算应付款的利息（利率按同期银行贷款利率计）。

3. 发包人不按合同约定支付工程进度款，双方又未达成延期付款协议，导致施工无法进行，承包人可停止施工，由发包人承担违约责任。

第十四条 工程完工后，双方应按照约定的合同价款及合同价款调整内容以及索赔事项，进行工程竣工结算。

（一）工程竣工结算方式

工程竣工结算分为单位工程竣工结算、单项工程竣工结算和建设项目竣工总结算。

（二）工程竣工结算编审

1. 单位工程竣工结算由承包人编制，发包人审查；实行总承包的工程，由具体承包人编制，在总包人审查的基础上，发包人审查。

2. 单项工程竣工结算或建设项目竣工总结算由总（承）包人编制，发包人可直接进行审查，也可以委托具有相应资质的工程造价咨询机构进行审查。政府投资项目，由同级财政部门审查。单项工程竣工结算或建设项目竣工总结算经发、承包人签字盖章后有效。

承包人应在合同约定期限内完成项目竣工结算编制工作，未在规定期限内完成的并且提不出正当理由延期的，责任自负。

（三）工程竣工结算审查期限

单项工程竣工后，承包人应在提交竣工验收报告的同时，向发包人递交竣工结算报告及完整的结算资料，发包人应按以下规定时限进行核对（审查）并提出审查意见。

工程竣工结算报告金额	审查时间
1. 500万元以下	从接到竣工结算报告和完整的竣工结算资料之日起20天
2. 500万元—2000万元	从接到竣工结算报告和完整的竣工结算资料之日起30天
3. 2000万元—5000万元	从接到竣工结算报告和完整的竣工结算资料之日起45天
4. 5000万元以上	从接到竣工结算报告和完整的竣工结算资料之日起60天

建设项目竣工总结算在最后一个单项工程竣工结算审查确认后15天内汇总,送发包人后30天内审查完成。

(四)工程竣工价款结算

发包人收到承包人递交的竣工结算报告及完整的结算资料后,应按本办法规定的期限(合同约定有期限的,从其约定)进行核实,给予确认或者提出修改意见。发包人根据确认的竣工结算报告向承包人支付工程竣工结算价款,保留5%左右的质量保证(保修)金,待工程交付使用一年质保期到期后清算(合同另有约定的,从其约定),质保期内如有返修,发生费用应在质量保证(保修)金内扣除。

(五)索赔价款结算

发承包人未能按合同约定履行自己的各项义务或发生错误,给另一方造成经济损失的,由受损方按合同约定提出索赔,索赔金额按合同约定支付。

(六)合同以外零星项目工程价款结算

发包人要求承包人完成合同以外零星项目,承包人应在接受发包人要求的7天内就用工数量和单价、机械台班数量和单价、使用材料和金额等向发包人提出施工签证,发包人签证后施工,如发包人未签证,承包人施工后发生争议的,责任由承包人自负。

第十五条 发包人和承包人要加强施工现场的造价控制,及时对工程合同外的事项如实纪录并履行书面手续。凡由发、承包双方授权的现场代表签字的现场签证以及发、承包双方协商确定的索赔等费用,应在工程竣工结算中如实办理，不得因发、承包双方现场代表的中途变更改变其有效性。

第十六条　发包人收到竣工结算报告及完整的结算资料后，在本办法规定或合同约定期限内，对结算报告及资料没有提出意见，则视同认可。

承包人如未在规定时间内提供完整的工程竣工结算资料，经发包人催促后14天内仍未提供或没有明确答复，发包人有权根据已有资料进行审查，责任由承包人自负。

根据确认的竣工结算报告，承包人向发包人申请支付工程竣工结算款。发包人应在收到申请后15天内支付结算款，到期没有支付的应承担违约责任。承包人可以催告发包人支付结算价款，如达成延期支付协议，承包人应按同期银行贷款利率支付拖欠工程价款的利息。如未达成延期支付协议，承包人可以与发包人协商将该工程折价，或申请人民法院将该工程依法拍卖，承包人就该工程折价或者拍卖的价款优先受偿。

第十七条　工程竣工结算以合同工期为准，实际施工工期比合同工期提前或延后，发、承包双方应按合同约定的奖惩办法执行。

第四章　工程价款结算争议处理

第十八条　工程造价咨询机构接受发包人或承包人委托，编审工程竣工结算，应按合同约定和实际履约事项认真办理，出具的竣工结算报告经发、承包双方签字后生效。当事人一方对报告有异议的，可对工程结算中有异议部分，向有关部门申请咨询后协商处理，若不能达成一致的，双方可按合同约定的争议或纠纷解决程序办理。

第十九条　发包人对工程质量有异议，已竣工验收或已竣工未验收但实际投入使用的工程，其质量争议按该工程保修合同执行；已竣工未验收且未实际投入使用的工程以及停工、停建工程的质量争议，应当就有争议部分的竣工结算暂缓办理，双方可就有争议的工程委托有资质的检测鉴定机构进行检测，根据检测结果确定解决方案，或按工程质量监督机构的处理决定执行，其余部分的竣工结算依照约定办理。

第二十条　当事人对工程造价发生合同纠纷时，可通过下列办法解决：

（一）双方协商确定；

（二）按合同条款约定的办法提请调解；

(三)向有关仲裁机构申请仲裁或向人民法院起诉。

第五章 工程价款结算管理

第二十一条 工程竣工后,发、承包双方应及时办清工程竣工结算,否则,工程不得交付使用,有关部门不予办理权属登记。

第二十二条 发包人与中标的承包人不按照招标文件和中标的承包人的投标文件订立合同的,或者发包人、中标的承包人背离合同实质性内容另行订立协议,造成工程价款结算纠纷的,另行订立的协议无效,由建设行政主管部门责令改正,并按《中华人民共和国招标投标法》第五十九条进行处罚。

第二十三条 接受委托承接有关工程结算咨询业务的工程造价咨询机构应具有工程造价咨询单位资质,其出具的办理拨付工程价款和工程结算的文件,应当由造价工程师签字,并应加盖执业专用章和单位公章。

第六章 附 则

第二十四条 建设工程施工专业分包或劳务分包,总(承)包人与分包人必须依法订立专业分包或劳务分包合同,按照本办法的规定在合同中约定工程价款及其结算办法。

第二十五条 政府投资项目除执行本办法有关规定外,地方政府或地方政府财政部门对政府投资项目合同价款约定与调整、工程价款结算、工程价款结算争议处理等事项,如另有特殊规定,从其规定。

第二十六条 凡实行监理的工程项目,工程价款结算过程中涉及监理工程师签证事项,应按工程监理合同约定执行。

第二十七条 有关主管部门、地方政府财政部门和地方政府建设行政主管部门可参照本办法,结合本部门、本地区实际情况,另行制订具体办法,并报财政部、建设部备案。

第二十八条 合同示范文本内容如与本办法不一致,以本办法为准。

第二十九条 本办法自公布之日起施行。

工程建设项目施工招标投标办法

（2003年3月8日国家发展计划委员会、建设部、铁道部、交通部、信息产业部、水利部、中国民用航空总局令第30号发布 根据2013年3月11日国家发展和改革委员会、工业和信息化部、财政部、住房和城乡建设部、交通运输部、铁道部、水利部、国家广播电影电视总局、中国民用航空局令第23号《关于废止和修改部分招标投标规章和规范性文件的决定》修正）

第一章 总　　则

第一条　为规范工程建设项目施工（以下简称工程施工）招标投标活动，根据《中华人民共和国招标投标法》、《中华人民共和国招标投标法实施条例》和国务院有关部门的职责分工，制定本办法。

第二条　在中华人民共和国境内进行工程施工招标投标活动，适用本办法。

第三条　工程建设项目符合《工程建设项目招标范围和规模标准规定》（国家计委令第3号）规定的范围和标准的，必须通过招标选择施工单位。

任何单位和个人不得将依法必须进行招标的项目化整为零或者以其他任何方式规避招标。

第四条　工程施工招标投标活动应当遵循公开、公平、公正和诚实信用的原则。

第五条　工程施工招标投标活动，依法由招标人负责。任何单位和个人不得以任何方式非法干涉工程施工招标投标活动。

施工招标投标活动不受地区或者部门的限制。

第六条 各级发展改革、工业和信息化、住房城乡建设、交通运输、铁道、水利、商务、民航等部门依照《国务院办公厅印发国务院有关部门实施招标投标活动行政监督的职责分工意见的通知》(国办发〔2000〕34号)和各地规定的职责分工,对工程施工招标投标活动实施监督,依法查处工程施工招标投标活动中的违法行为。

第二章 招　　标

第七条 工程施工招标人是依法提出施工招标项目、进行招标的法人或者其他组织。

第八条 依法必须招标的工程建设项目,应当具备下列条件才能进行施工招标:

(一)招标人已经依法成立;

(二)初步设计及概算应当履行审批手续的,已经批准;

(三)有相应资金或资金来源已经落实;

(四)有招标所需的设计图纸及技术资料。

第九条 工程施工招标分为公开招标和邀请招标。

第十条 按照国家有关规定需要履行项目审批、核准手续的依法必须进行施工招标的工程建设项目,其招标范围、招标方式、招标组织形式应当报项目审批部门审批、核准。项目审批、核准部门应当及时将审批、核准确定的招标内容通报有关行政监督部门。

第十一条 依法必须进行公开招标的项目,有下列情形之一的,可以邀请招标:

(一)项目技术复杂或有特殊要求,或者受自然地域环境限制,只有少量潜在投标人可供选择;

(二)涉及国家安全、国家秘密或者抢险救灾,适宜招标但不宜公开招标;

(三)采用公开招标方式的费用占项目合同金额的比例过大。

有前款第二项所列情形,属于本办法第十条规定的项目,由项目审批、核准部门在审批、核准项目时作出认定;其他项目由招标人申请有关行政监督部门作出认定。

全部使用国有资金投资或者国有资金投资占控股或者主导地位的并需要审批的工程建设项目的邀请招标,应当经项目审批部门批准,但项目审批部门只审批立项的,由有关行政监督部门批准。

第十二条 依法必须进行施工招标的工程建设项目有下列情形之一的,可以不进行施工招标:

(一)涉及国家安全、国家秘密、抢险救灾或者属于利用扶贫资金实行以工代赈需要使用农民工等特殊情况,不适宜进行招标;

(二)施工主要技术采用不可替代的专利或者专有技术;

(三)已通过招标方式选定的特许经营项目投资人依法能够自行建设;

(四)采购人依法能够自行建设;

(五)在建工程追加的附属小型工程或者主体加层工程,原中标人仍具备承包能力,并且其他人承担将影响施工或者功能配套要求;

(六)国家规定的其他情形。

第十三条 采用公开招标方式的,招标人应当发布招标公告,邀请不特定的法人或者其他组织投标。依法必须进行施工招标项目的招标公告,应当在国家指定的报刊和信息网络上发布。

采用邀请招标方式的,招标人应当向三家以上具备承担施工招标项目的能力、资信良好的特定的法人或者其他组织发出投标邀请书。

第十四条 招标公告或者投标邀请书应当至少载明下列内容:

(一)招标人的名称和地址;

(二)招标项目的内容、规模、资金来源;

(三)招标项目的实施地点和工期;

(四)获取招标文件或者资格预审文件的地点和时间;

(五)对招标文件或者资格预审文件收取的费用;

(六)对招标人的资质等级的要求。

第十五条 招标人应当按招标公告或者投标邀请书规定的时间、地点出售招标文件或资格预审文件。自招标文件或者资格预审文件出售之日起至停止出售之日止,最短不得少于五日。

招标人可以通过信息网络或者其他媒介发布招标文件,通过信息网络或者其他媒介发布的招标文件与书面招标文件具有同等法律效力,出现不一致时以书面招标文件为准,国家另有规定的除外。

对招标文件或者资格预审文件的收费应当限于补偿印刷、邮寄的成本支出,不得以营利为目的。对于所附的设计文件,招标人可以向投标人酌收押金;对于开标后投标人退还设计文件的,招标人应当向投标人退还押金。

招标文件或者资格预审文件售出后,不予退还。除不可抗力原因外,招标人在发布招标公告、发出投标邀请书后或者售出招标文件或资格预审文件后不得终止招标。

第十六条 招标人可以根据招标项目本身的特点和需要,要求潜在投标人或者投标人提供满足其资格要求的文件,对潜在投标人或者投标人进行资格审查;国家对潜在投标人或者投标人的资格条件有规定的,依照其规定。

第十七条 资格审查分为资格预审和资格后审。

资格预审,是指在投标前对潜在投标人进行的资格审查。

资格后审,是指在开标后对投标人进行的资格审查。

进行资格预审的,一般不再进行资格后审,但招标文件另有规定的除外。

第十八条 采取资格预审的,招标人应当发布资格预审公告。资格预审公告适用本办法第十三条、第十四条有关招标公告的规定。

采取资格预审的,招标人应当在资格预审文件中载明资格预审的条件、标准和方法;采取资格后审的,招标人应当在招标文件中载明对投标人资格要求的条件、标准和方法。

招标人不得改变载明的资格条件或者以没有载明的资格条件对潜在投标人或者投标人进行资格审查。

第十九条 经资格预审后,招标人应当向资格预审合格的潜在投标人发出资格预审合格通知书,告知获取招标文件的时间、地点和方法,并同时向资格预审不合格的潜在投标人告知资格预审结果。资格预审不合格的潜在投标人不得参加投标。

经资格后审不合格的投标人的投标应予否决。

第二十条 资格审查应主要审查潜在投标人或者投标人是否符合下列条件:

(一)具有独立订立合同的权利;

(二)具有履行合同的能力,包括专业、技术资格和能力,资金、设备和其他物质设施状况,管理能力,经验、信誉和相应的从业人员;

(三)没有处于被责令停业,投标资格被取消,财产被接管、冻结,破产状态；

（四）在最近三年内没有骗取中标和严重违约及重大工程质量问题；

（五）国家规定的其他资格条件。

资格审查时，招标人不得以不合理的条件限制、排斥潜在投标人或者投标人，不得对潜在投标人或者投标人实行歧视待遇。任何单位和个人不得以行政手段或者其他不合理方式限制投标人的数量。

第二十一条 招标人符合法律规定的自行招标条件的，可以自行办理招标事宜。任何单位和个人不得强制其委托招标代理机构办理招标事宜。

第二十二条 招标代理机构应当在招标人委托的范围内承担招标事宜。招标代理机构可以在其资格等级范围内承担下列招标事宜：

（一）拟订招标方案，编制和出售招标文件、资格预审文件；

（二）审查投标人资格；

（三）编制标底；

（四）组织投标人踏勘现场；

（五）组织开标、评标，协助招标人定标；

（六）草拟合同；

（七）招标人委托的其他事项。

招标代理机构不得无权代理、越权代理，不得明知委托事项违法而进行代理。

招标代理机构不得在所代理的招标项目中投标或者代理投标，也不得为所代理的招标项目的投标人提供咨询；未经招标人同意，不得转让招标代理业务。

第二十三条 工程招标代理机构与招标人应当签订书面委托合同，并按双方约定的标准收取代理费；国家对收费标准有规定的，依照其规定。

第二十四条 招标人根据施工招标项目的特点和需要编制招标文件。招标文件一般包括下列内容：

（一）招标公告或投标邀请书；

（二）投标人须知；

（三）合同主要条款；

（四）投标文件格式；

（五）采用工程量清单招标的，应当提供工程量清单；

(六)技术条款；
(七)设计图纸；
(八)评标标准和方法；
(九)投标辅助材料。

招标人应当在招标文件中规定实质性要求和条件,并用醒目的方式标明。

第二十五条 招标人可以要求投标人在提交符合招标文件规定要求的投标文件外,提交备选投标方案,但应当在招标文件中做出说明,并提出相应的评审和比较办法。

第二十六条 招标文件规定的各项技术标准应符合国家强制性标准。

招标文件中规定的各项技术标准均不得要求或标明某一特定的专利、商标、名称、设计、原产地或生产供应者,不得含有倾向或者排斥潜在投标人的其他内容。如果必须引用某一生产供应者的技术标准才能准确或清楚地说明拟招标项目的技术标准时,则应当在参照后面加上"或相当于"的字样。

第二十七条 施工招标项目需要划分标段、确定工期的,招标人应当合理划分标段、确定工期,并在招标文件中载明。对工程技术上紧密相连、不可分割的单位工程不得分割标段。

招标人不得以不合理的标段或工期限制或者排斥潜在投标人或者投标人。依法必须进行施工招标的项目的招标人不得利用划分标段规避招标。

第二十八条 招标文件应当明确规定的所有评标因素,以及如何将这些因素量化或者据以进行评估。

在评标过程中,不得改变招标文件中规定的评标标准、方法和中标条件。

第二十九条 招标文件应当规定一个适当的投标有效期,以保证招标人有足够的时间完成评标和与中标人签订合同。投标有效期从投标人提交投标文件截止之日起计算。

在原投标有效期结束前,出现特殊情况的,招标人可以书面形式要求所有投标人延长投标有效期。投标人同意延长的,不得要求或被允许修改其投标文件的实质性内容,但应当相应延长其投标保证金的有效期；投标人拒绝延长的,其投标失效,但投标人有权收回其投标保证金。因延长投标有效期造成投标人损失的,招标人应当给予补偿,但因不可抗力需要延长投标有效期的除外。

第三十条 施工招标项目工期较长的,招标文件中可以规定工程造价指数体系、价格调整因素和调整方法。

第三十一条 招标人应当确定投标人编制投标文件所需要的合理时间;但是,依法必须进行招标的项目,自招标文件开始发出之日起至投标人提交投标文件截止之日止,最短不得少于二十日。

第三十二条 招标人根据招标项目的具体情况,可以组织潜在投标人踏勘项目现场,向其介绍工程场地和相关环境的有关情况。潜在投标人依据招标人介绍情况作出的判断和决策,由投标人自行负责。

招标人不得单独或者分别组织任何一个投标人进行现场踏勘。

第三十三条 对于潜在投标人在阅读招标文件和现场踏勘中提出的疑问,招标人可以书面形式或召开投标预备会的方式解答,但需同时将解答以书面方式通知所有购买招标文件的潜在投标人。该解答的内容为招标文件的组成部分。

第三十四条 招标人可根据项目特点决定是否编制标底。编制标底的,标底编制过程和标底在开标前必须保密。

招标项目编制标底的,应根据批准的初步设计、投资概算,依据有关计价办法,参照有关工程定额,结合市场供求状况,综合考虑投资、工期和质量等方面的因素合理确定。

标底由招标人自行编制或委托中介机构编制。一个工程只能编制一个标底。

任何单位和个人不得强制招标人编制或报审标底,或干预其确定标底。

招标项目可以不设标底,进行无标底招标。

招标人设有最高投标限价的,应当在招标文件中明确最高投标限价或者最高投标限价的计算方法。招标人不得规定最低投标限价

第三章 投　　标

第三十五条 投标人是响应招标、参加投标竞争的法人或者其他组织。招标人的任何不具独立法人资格的附属机构(单位),或者为招标项目的前期准备或者监理工作提供设计、咨询服务的任何法人及其任何附属机构(单位),都无资格参加该招标项目的投标。

第三十六条 投标人应当按照招标文件的要求编制投标文件。投标文件应当对招标文件提出的实质性要求和条件作出响应。

投标文件一般包括下列内容：

（一）投标函；

（二）投标报价；

（三）施工组织设计；

（四）商务和技术偏差表。

投标人根据招标文件载明的项目实际情况，拟在中标后将中标项目的部分非主体、非关键性工作进行分包的，应当在投标文件中载明。

第三十七条 招标人可以在招标文件中要求投标人提交投标保证金。投标保证金除现金外，可以是银行出具的银行保函、保兑支票、银行汇票或现金支票。

投标保证金不得超过项目估算价的百分之二，但最高不得超过八十万元人民币。投标保证金有效期应当与投标有效期一致。

投标人应当按照招标文件要求的方式和金额，将投标保证金随投标文件提交给招标人或其委托的招标代理机构。

依法必须进行施工招标的项目的境内投标单位，以现金或者支票形式提交的投标保证金应当从其基本账户转出。

第三十八条 投标人应当在招标文件要求提交投标文件的截止时间前，将投标文件密封送达投标地点。招标人收到投标文件后，应当向投标人出具标明签收人和签收时间的凭证，在开标前任何单位和个人不得开启投标文件。

在招标文件要求提交投标文件的截止时间后送达的投标文件，招标人应当拒收。

依法必须进行施工招标的项目提交投标文件的投标人人少于三个的，招标人在分析招标失败的原因并采取相应措施后，应当依法重新招标。重新招标后投标人仍少于三个的，属于必须审批、核准的工程建设项目，报经原审批、核准部门审批、核准后可以不再进行招标；其他工程建设项目，招标人可自行决定不再进行招标。

第三十九条 投标人在招标文件要求提交投标文件的截止时间前，可以补充、修改、替代或者撤回已提交的投标文件，并书面通知招标人。补充、修改的内容为投标文件的组成部分。

第四十条 在提交投标文件截止时间后到招标文件规定的投标有效期终止之前,投标人不得撤销其投标文件,否则招标人可以不退还其投标保证金。

第四十一条 在开标前,招标人应妥善保管好已接收的投标文件、修改或撤回通知、备选投标方案等投标资料。

第四十二条 两个以上法人或者其他组织可以组成一个联合体,以一个投标人的身份共同投标。

联合体各方签订共同投标协议后,不得再以自己名义单独投标,也不得组成新的联合体或参加其他联合体在同一项目中投标。

第四十三条 招标人接受联合体投标并进行资格预审的,联合体应当在提交资格预审申请文件前组成。资格预审后联合体增减、更换成员的,其投标无效。

第四十四条 联合体各方应当指定牵头人,授权其代表所有联合体成员负责投标和合同实施阶段的主办、协调工作,并应当向招标人提交由所有联合体成员法定代表人签署的授权书。

第四十五条 联合体投标的,应当以联合体各方或者联合体中牵头人的名义提交投标保证金。以联合体中牵头人名义提交的投标保证金,对联合体各成员具有约束力。

第四十六条 下列行为均属投标人串通投标报价:

(一)投标人之间相互约定抬高或压低投标报价;

(二)投标人之间相互约定,在招标项目中分别以高、中、低价位报价;

(三)投标人之间先进行内部竞价,内定中标人,然后再参加投标;

(四)投标人之间其他串通投标报价的行为。

第四十七条 下列行为均属招标人与投标人串通投标:

(一)招标人在开标前开启投标文件并将有关信息泄露给其他投标人,或者授意投标人撤换、修改投标文件;

(二)招标人向投标人泄露标底、评标委员会成员等信息;

(三)招标人明示或者暗示投标人压低或抬高投标报价;

(四)招标人明示或者暗示投标人为特定投标人中标提供方便;

(五)招标人与投标人为谋求特定中标人中标而采取的其他串通行为。

第四十八条 投标人不得以他人名义投标。

前款所称以他人名义投标,指投标人挂靠其他施工单位,或从其他单位通过受让或租借的方式获取资格或资质证书,或者由其他单位及其法定代表人在自己编制的投标文件上加盖印章和签字等行为。

第四章 开标、评标和定标

第四十九条 开标应当在招标文件确定的提交投标文件截止时间的同一时间公开进行;开标地点应当为招标文件中确定的地点。

投标人对开标有异议的,应当在开标现场提出,招标人应当当场作出答复,并制作记录。

第五十条 投标文件有下列情形之一的,招标人应当拒收:

(一)逾期送达;

(二)未按招标文件要求密封。

有下列情形之一的,评标委员会应当否决其投标:

(一)投标文件未经投标单位盖章和单位负责人签字;

(二)投标联合体没有提交共同投标协议;

(三)投标人不符合国家或者招标文件规定的资格条件;

(四)同一投标人提交两个以上不同的投标文件或者投标报价,但招标文件要求提交备选投标的除外;

(五)投标报价低于成本或者高于招标文件设定的最高投标限价;

(六)投标文件没有对招标文件的实质性要求和条件作出响应;

(七)投标人有串通投标、弄虚作假、行贿等违法行为。

第五十一条 评标委员会可以书面方式要求投标人对投标文件中含义不明确、对同类问题表述不一致或者有明显文字和计算错误的内容作必要的澄清、说明或补正。评标委员会不得向投标人提出带有暗示性或诱导性的问题,或向其明确投标文件中的遗漏和错误。

第五十二条 投标文件不响应招标文件的实质性要求和条件的,评标委员会不得允许投标人通过修正或撤销其不符合要求的差异或保留,使之成为具有响应性的投标。

第五十三条 评标委员会在对实质上响应招标文件要求的投标进行报

价评估时,除招标文件另有约定外,应当按下述原则进行修正:

(一)用数字表示的数额与用文字表示的数额不一致时,以文字数额为准;

(二)单价与工程量的乘积与总价之间不一致时,以单价为准。若单价有明显的小数点错位,应以总价为准,并修改单价。

按前款规定调整后的报价经投标人确认后产生约束力。

投标文件中没有列入的价格和优惠条件在评标时不予考虑。

第五十四条 对于投标人提交的优越于招标文件中技术标准的备选投标方案所产生的附加收益,不得考虑进评标价中。符合招标文件的基本技术要求且评标价最低或综合评分最高的投标人,其所提交的备选方案方可予以考虑。

第五十五条 招标人设有标底的,标底在评标中应当作为参考,但不得作为评标的唯一依据。

第五十六条 评标委员会完成评标后,应向招标人提出书面评标报告。评标报告由评标委员会全体成员签字。

依法必须进行招标的项目,招标人应当自收到评标报告之日起三日内公示中标候选人,公示期不得少于三日。

中标通知书由招标人发出。

第五十七条 评标委员会推荐的中标候选人应当限定在一至三人,并标明排列顺序。招标人应当接受评标委员会推荐的中标候选人,不得在评标委员会推荐的中标候选人之外确定中标人。

第五十八条 国有资金占控股或者主导地位的依法必须进行招标的项目,招标人应当确定排名第一的中标候选人为中标人。排名第一的中标候选人放弃中标、因不可抗力提出不能履行合同、不按照招标文件的要求提交履约保证金,或者被查实存在影响中标结果的违法行为等情形,不符合中标条件的,招标人可以按照评标委员会提出的中标候选人名单排序依次确定其他中标候选人为中标人。依次确定其他中标候选人与招标人预期差距较大,或者对招标人明显不利的,招标人可以重新招标。

招标人可以授权评标委员会直接确定中标人。

国务院对中标人的确定另有规定的,从其规定。

第五十九条 招标人不得向中标人提出压低报价、增加工作量、缩短工期或其他违背中标人意愿的要求,以此作为发出中标通知书和签订合同的条件。

第六十条 中标通知书对招标人和中标人具有法律效力。中标通知书发出后,招标人改变中标结果的,或者中标人放弃中标项目的,应当依法承担法律责任。

第六十一条 招标人全部或者部分使用非中标单位投标文件中的技术成果或技术方案时,需征得其书面同意,并给予一定的经济补偿。

第六十二条 招标人和中标人应当在投标有效期内并在自中标通知书发出之日起三十日内,按照招标文件和中标人的投标文件订立书面合同。招标人和中标人不得再行订立背离合同实质性内容的其他协议。

招标人要求中标人提供履约保证金或其他形式履约担保的,招标人应当同时向中标人提供工程款支付担保。

招标人不得擅自提高履约保证金,不得强制要求中标人垫付中标项目建设资金。

第六十三条 招标人最迟应当在与中标人签订合同后五日内,向中标人和未中标的投标人退还投标保证金及银行同期存款利息。

第六十四条 合同中确定的建设规模、建设标准、建设内容、合同价格应当控制在批准的初步设计及概算文件范围内;确需超出规定范围的,应当在中标合同签订前,报原项目审批部门审查同意。凡应报经审查而未报的,在初步设计及概算调整时,原项目审批部门一律不予承认。

第六十五条 依法必须进行施工招标的项目,招标人应当自发出中标通知书之日起十五日内,向有关行政监督部门提交招标投标情况的书面报告。

前款所称书面报告至少应包括下列内容:

(一)招标范围;

(二)招标方式和发布招标公告的媒介;

(三)招标文件中投标人须知、技术条款、评标标准和方法、合同主要条款等内容;

(四)评标委员会的组成和评标报告;

(五)中标结果。

第六十六条 招标人不得直接指定分包人。

第六十七条 对于不具备分包条件或者不符合分包规定的,招标人有权在签订合同或者中标人提出分包要求时予以拒绝。发现中标人转包或违法分包时,可要求其改正;拒不改正的,可终止合同,并报请有关行政监督部门查处。

监理人员和有关行政部门发现中标人违反合同约定进行转包或违法分包的,应当要求中标人改正,或者告知招标人要求其改正;对于拒不改正的,应当报请有关行政监督部门查处。

第五章 法律责任

第六十八条 依法必须进行招标的项目而不招标的,将必须进行招标的项目化整为零或者以其他任何方式规避招标的,有关行政监督部门责令限期改正,可以处项目合同金额千分之五以上千分之十以下的罚款;对全部或者部分使用国有资金的项目,项目审批部门可以暂停项目执行或者暂停资金拨付;对单位直接负责的主管人员和其他直接责任人员依法给予处分。

第六十九条 招标代理机构违法泄露应当保密的与招标投标活动有关的情况和资料的,或者与招标人、投标人串通损害国家利益、社会公共利益或者他人合法权益的,由有关行政监督部门处五万元以上二十五万元以下罚款,对单位直接负责的主管人员和其他直接责任人员处单位罚款数额百分之五以上百分之十以下罚款;有违法所得的,并处没收违法所得;情节严重的,有关行政监督部门可停止其一定时期内参与相关领域的招标代理业务,资格认定部门可暂停直至取消招标代理资格;构成犯罪的,由司法部门依法追究刑事责任。给他人造成损失的,依法承担赔偿责任。

前款所列行为影响中标结果,并且中标人为前款所列行为的受益人的,中标无效。

第七十条 招标人以不合理的条件限制或者排斥潜在投标人的,对潜在投标人实行歧视待遇的,强制要求投标人组成联合体共同投标的,或者限制投标人之间竞争的,有关行政监督部门责令改正,可处一万元以上五万元以下罚款。

第七十一条 依法必须进行招标项目的招标人向他人透露已获取招标文件的潜在投标人的名称、数量或者可能影响公平竞争的有关招标投标的其他情况的,或者泄露标底的,有关行政监督部门给予警告,可以并处一万元以上十万元以下的罚款；对单位直接负责的主管人员和其他直接责任人员依法给予处分；构成犯罪的，依法追究刑事责任。

前款所列行为影响中标结果的，中标无效。

第七十二条 招标人在发布招标公告、发出投标邀请书或者售出招标文件或资格预审文件后终止招标的，应当及时退还所收取的资格预审文件、招标文件的费用，以及所收取的投标保证金及银行同期存款利息。给潜在投标人或者投标人造成损失的，应当赔偿损失。

第七十三条 招标人有下列限制或者排斥潜在投标人行为之一的，由有关行政监督部门依照招标投标法第五十一条的规定处罚；其中，构成依法必须进行施工招标的项目的招标人规避招标的，依照招标投标法第四十九条的规定处罚。

招标人有前款第一项、第三项、第四项所列行为之一的，对单位直接负责的主管人员和其他直接责任人员依法给予处分。

（一）依法应当公开招标的项目不按照规定在指定媒介发布资格预审公告或者招标公告；

（二）在不同媒介发布的同一招标项目的资格预审公告或者招标公告的内容不一致，影响潜在投标人申请资格预审或者投标。

招标人有下列情形之一的，由有关行政监督部门责令改正，可以处10万元以下的罚款：

（一）依法应当公开招标而采用邀请招标；

（二）招标文件、资格预审文件的发售、澄清、修改的时限，或者确定的提交资格预审申请文件、投标文件的时限不符合招标投标法和招标投标法实施条例规定；

（三）接受未通过资格预审的单位或者个人参加投标；

（四）接受应当拒收的投标文件。

第七十四条 投标人相互串通投标或者与招标人串通投标的，投标人以向招标人或者评标委员会成员行贿的手段谋取中标的，中标无效，由有关行政监督部门处中标项目金额千分之五以上千分之十以下的罚款，对单位直接负责的主管人员和其他直接责任人员处单位罚款数额百分之五以上百分之十以下的罚款；有违法所得的，并处没收违法所得；情节严重的，取消其一至二年的投标资格，并予以公告，直至由工商行政管理机关吊销营业执照；构成犯罪的,依法追究刑事责任。给他人造成损失的,依法承担赔偿责任。投标人未中标的,对单位的罚款金额按照招标项目合同金额依照招标投标法规定的比例计算。

第七十五条 投标人以他人名义投标或者以其他方式弄虚作假,骗取中标的,中标无效,给招标人造成损失的,依法承担赔偿责任;构成犯罪的,依法追究刑事责任。

依法必须进行招标项目的投标人有前款所列行为尚未构成犯罪的,有关行政监督部门处中标项目金额千分之五以上千分之十以下的罚款,对单位直接负责的主管人员和其他直接责任人员处单位罚款数额百分之五以上百分之十以下的罚款;有违法所得的,并处没收违法所得;情节严重的,取消其一至三年投标资格,并予以公告,直至由工商行政管理机关吊销营业执照。投标人未中标的,对单位的罚款金额按照招标项目合同金额依照招标投标法规定的比例计算。

第七十六条 依法必须进行招标的项目,招标人违法与投标人就投标价格、投标方案等实质性内容进行谈判的,有关行政监督部门给予警告,对单位直接负责的主管人员和其他直接责任人员依法给予处分。

前款所列行为影响中标结果的,中标无效。

第七十七条 评标委员会成员收受投标人的财物或者其他好处的,没收收受的财物,可以并处三千元以上五万元以下的罚款,取消担任评标委员会成员的资格并予以公告,不得再参加依法必须进行招标的项目的评标;构成犯罪的,依法追究刑事责任。

第七十八条 评标委员会成员应当回避而不回避,擅离职守,不按照招标文件规定的评标标准和方法评标,私下接触投标人,向招标人征询确定中标人的意向或者接受任何单位或者个人明示或者暗示提出的倾向或者排斥特定投标人的要求,对依法应当否决的投标不提出否决意见,暗示或者诱导投标人作出澄清、说明或者接受投标人主动提出的澄清、说明,或者有其他不能客观公正地履行职责行为的,有关行政监督部门责令改正;情节严重的,禁止其在一定期限内参加依法必须进行招标的项目的评标;情节特别严重的,取消其担任评标委员会成员的资格。

第七十九条 依法必须进行招标的项目的招标人不按照规定组建评标委员会,或者确定、更换评标委员会成员违反招标投标法和招标投标法实施条例规定的,由有关行政监督部门责令改正,可以处 10 万元以下的罚款,对单位直接负责的主管人员和其他直接责任人员依法给予处分;违法确定或者更换的评标委员会成员作出的评审决定无效,依法重新进行评审。

第八十条 依法必须进行招标的项目的招标人有下列情形之一的,由有关行政监督部门责令改正,可以处中标项目金额千分之十以下的罚款;给他人造成损失的,依法承担赔偿责任;对单位直接负责的主管人员和其他直接责任人员依法给予处分:

(一)无正当理由不发出中标通知书;
(二)不按照规定确定中标人;
(三)中标通知书发出后无正当理由改变中标结果;
(四)无正当理由不与中标人订立合同;
(五)在订立合同时向中标人提出附加条件。

第八十一条 中标通知书发出后,中标人放弃中标项目的,无正当理由不与招标人签订合同的,在签订合同时向招标人提出附加条件或者更改合同实质性内容的,或者拒不提交所要求的履约保证金的,取消其中标资格,投标保证金不予退还;给招标人的损失超过投标保证金数额的,中标人应当对超过部分予以赔偿;没有提交投标保证金的,应当对招标人的损失承担赔偿责任。对依法必须进行施工招标的项目的中标人,由有关行政监督部门责令改正,可以处中标金额千分之十以下罚款。

第八十二条 中标人将中标项目转让给他人的,将中标项目肢解后分别转让给他人的,违法将中标项目的部分主体、关键性工作分包给他人的,或者分包人再次分包的,转让、分包无效,有关行政监督部门处转让、分包项目金额千分之五以上千分之十以下的罚款;有违法所得的,并处没收违法所得;可以责令停业整顿;情节严重的,由工商行政管理机关吊销营业执照。

第八十三条 招标人与中标人不按照招标文件和中标人的投标文件订立合同的,合同的主要条款与招标文件、中标人的投标文件的内容不一致,或者招标人、中标人订立背离合同实质性内容的协议的,或者招标人擅自提高履约保证金或强制要求中标人垫付中标项目建设资金的,有关行政监督部门责令改正;可以处中标项目金额千分之五以上千分之十以下的罚款。

第八十四条 中标人不履行与招标人订立的合同的,履约保证金不予退还,给招标人造成的损失超过履约保证金数额的,还应当对超过部分予以赔偿;没有提交履约保证金的,应当对招标人的损失承担赔偿责任。

中标人不按照与招标人订立的合同履行义务,情节严重的,有关行政监督部门取消其二至五年参加招标项目的投标资格并予以公告,直至由工商行政管理机关吊销营业执照。

因不可抗力不能履行合同的,不适用前两款规定。

第八十五条 招标人不履行与中标人订立的合同的,应当返还中标人的履约保证金,并承担相应的赔偿责任;没有提交履约保证金的,应当对中标人的损失承担赔偿责任。

因不可抗力不能履行合同的,不适用前款规定。

第八十六条 依法必须进行施工招标的项目违反法律规定,中标无效的,应当依照法律规定的中标条件从其余投标人中重新确定中标人或者依法重新进行招标。

中标无效的,发出的中标通知书和签订的合同自始没有法律约束力,但不影响合同中独立存在的有关解决争议方法的条款的效力。

第八十七条 任何单位违法限制或者排斥本地区、本系统以外的法人或者其他组织参加投标的,为招标人指定招标代理机构的,强制招标人委托招标代理机构办理招标事宜的,或者以其他方式干涉招标投标活动的,有关行政监督部门责令改正;对单位直接负责的主管人员和其他直接责任人员依法给予警告、记过、记大过的处分,情节较重的,依法给予降级、撤职、开除的处分。

个人利用职权进行前款违法行为的,依照前款规定追究责任。

第八十八条 对招标投标活动依法负有行政监督职责的国家机关工作人员徇私舞弊、滥用职权或者玩忽职守,构成犯罪的,依法追究刑事责任;不构成犯罪的,依法给予行政处分。

第八十九条 投标人或者其他利害关系人认为工程建设项目施工招标投标活动不符合国家规定的,可以自知道或者应当知道之日起10日内向有关行政监督部门投诉。投诉应当有明确的请求和必要的证明材料。

第六章 附 则

第九十条 使用国际组织或者外国政府贷款、援助资金的项目进行招标,贷款方、资金提供方对工程施工招标投标活动的条件和程序有不同规定的,可以适用其规定,但违背中华人民共和国社会公共利益的除外。

第九十一条 本办法由国家发展改革委员会会同有关部门负责解释。

第九十二条 本办法自2003年5月1日起施行。

三、工 程 监 理

建设工程监理范围和规模标准规定

(2001年1月17日建设部令第86号发布施行)

第一条 为了确定必须实行监理的建设工程项目具体范围和规模标准,规范建设工程监理活动,根据《建设工程质量管理条例》,制定本规定。

第二条 下列建设工程必须实行监理:

(一)国家重点建设工程;

(二)大中型公用事业工程;

(三)成片开发建设的住宅小区工程;

(四)利用外国政府或者国际组织贷款、援助资金的工程;

(五)国家规定必须实行监理的其他工程。

第三条 国家重点建设工程,是指依据《国家重点建设项目管理办法》所确定的对国民经济和社会发展有重大影响的骨干项目。

第四条 大中型公用事业工程,是指项目总投资额在3000万元以上的下列工程项目:

(一)供水、供电、供气、供热等市政工程项目;

(二)科技、教育、文化等项目;

(三)体育、旅游、商业等项目；
(四)卫生、社会福利等项目；
(五)其他公用事业项目。

第五条 成片开发建设的住宅小区工程,建筑面积在5万平方米以上的住宅建设工程必须实行监理;5万平方米以下的住宅建设工程,可以实行监理,具体范围和规模标准,由省、自治区、直辖市人民政府建设行政主管部门规定。

为了保证住宅质量,对高层住宅及地基、结构复杂的多层住宅应当实行监理。

第六条 利用外国政府或者国际组织贷款、援助资金的工程范围包括：
(一)使用世界银行、亚洲开发银行等国际组织贷款资金的项目；
(二)使用国外政府及其机构贷款资金的项目；
(三)使用国际组织或者国外政府援助资金的项目。

第七条 国家规定必须实行监理的其他工程是指：
(一)项目总投资额在3000万元以上关系社会公共利益、公众安全的下列基础设施项目：
(1)煤炭、石油、化工、天然气、电力、新能源等项目；
(2)铁路、公路、管道、水运、民航以及其他交通运输业等项目；
(3)邮政、电信枢纽、通信、信息网络等项目；
(4)防洪、灌溉、排涝、发电、引(供)水、滩涂治理、水资源保护、水土保持等水利建设项目；
(5)道路、桥梁、地铁和轻轨交通、污水排放及处理、垃圾处理、地下管道、公共停车场等城市基础设施项目；
(6)生态环境保护项目；
(7)其他基础设施项目。
(二)学校、影剧院、体育场馆项目。

第八条 国务院建设行政主管部门商同国务院有关部门后,可以对本规定确定的必须实行监理的建设工程具体范围和规模标准进行调整。

第九条 本规定由国务院建设行政主管部门负责解释。

第十条 本规定自发布之日起施行。

四、安全生产管理

建设工程安全生产管理条例

(2003年11月24日国务院令第393号公布
自2004年2月1日起施行)

第一章 总 则

第一条 为了加强建设工程安全生产监督管理,保障人民群众生命和财产安全,根据《中华人民共和国建筑法》、《中华人民共和国安全生产法》,制定本条例。

第二条 在中华人民共和国境内从事建设工程的新建、扩建、改建和拆除等有关活动及实施对建设工程安全生产的监督管理,必须遵守本条例。

本条例所称建设工程,是指土木工程、建筑工程、线路管道和设备安装工程及装修工程。

第三条 建设工程安全生产管理,坚持安全第一、预防为主的方针。

第四条 建设单位、勘察单位、设计单位、施工单位、工程监理单位及其他与建设工程安全生产有关的单位,必须遵守安全生产法律、法规的规定,保证建设工程安全生产,依法承担建设工程安全生产责任。

第五条 国家鼓励建设工程安全生产的科学技术研究和先进技术的推广应用,推进建设工程安全生产的科学管理。

第二章　建设单位的安全责任

第六条　建设单位应当向施工单位提供施工现场及毗邻区域内供水、排水、供电、供气、供热、通信、广播电视等地下管线资料，气象和水文观测资料，相邻建筑物和构筑物、地下工程的有关资料，并保证资料的真实、准确、完整。

建设单位因建设工程需要，向有关部门或者单位查询前款规定的资料时，有关部门或者单位应当及时提供。

第七条　建设单位不得对勘察、设计、施工、工程监理等单位提出不符合建设工程安全生产法律、法规和强制性标准规定的要求，不得压缩合同约定的工期。

第八条　建设单位在编制工程概算时，应当确定建设工程安全作业环境及安全施工措施所需费用。

第九条　建设单位不得明示或者暗示施工单位购买、租赁、使用不符合安全施工要求的安全防护用具、机械设备、施工机具及配件、消防设施和器材。

第十条　建设单位在申请领取施工许可证时，应当提供建设工程有关安全施工措施的资料。

依法批准开工报告的建设工程，建设单位应当自开工报告批准之日起15日内，将保证安全施工的措施报送建设工程所在地的县级以上地方人民政府建设行政主管部门或者其他有关部门备案。

第十一条　建设单位应当将拆除工程发包给具有相应资质等级的施工单位。

建设单位应当在拆除工程施工15日前，将下列资料报送建设工程所在地的县级以上地方人民政府建设行政主管部门或者其他有关部门备案：

（一）施工单位资质等级证明；

（二）拟拆除建筑物、构筑物及可能危及毗邻建筑的说明；

（三）拆除施工组织方案；

（四）堆放、清除废弃物的措施。

实施爆破作业的，应当遵守国家有关民用爆炸物品管理的规定。

第三章　勘察、设计、工程监理及其他有关单位的安全责任

第十二条　勘察单位应当按照法律、法规和工程建设强制性标准进行勘察，提供的勘察文件应当真实、准确，满足建设工程安全生产的需要。

勘察单位在勘察作业时，应当严格执行操作规程，采取措施保证各类管线、设施和周边建筑物、构筑物的安全。

第十三条　设计单位应当按照法律、法规和工程建设强制性标准进行设计，防止因设计不合理导致生产安全事故的发生。

设计单位应当考虑施工安全操作和防护的需要，对涉及施工安全的重点部位和环节在设计文件中注明，并对防范生产安全事故提出指导意见。

采用新结构、新材料、新工艺的建设工程和特殊结构的建设工程，设计单位应当在设计中提出保障施工作业人员安全和预防生产安全事故的措施建议。

设计单位和注册建筑师等注册执业人员应当对其设计负责。

第十四条　工程监理单位应当审查施工组织设计中的安全技术措施或者专项施工方案是否符合工程建设强制性标准。

工程监理单位在实施监理过程中，发现存在安全事故隐患的，应当要求施工单位整改；情况严重的，应当要求施工单位暂时停止施工，并及时报告建设单位。施工单位拒不整改或者不停止施工的，工程监理单位应当及时向有关主管部门报告。

工程监理单位和监理工程师应当按照法律、法规和工程建设强制性标准实施监理，并对建设工程安全生产承担监理责任。

第十五条　为建设工程提供机械设备和配件的单位，应当按照安全施工的要求配备齐全有效的保险、限位等安全设施和装置。

第十六条　出租的机械设备和施工机具及配件，应当具有生产(制造)许可证、产品合格证。

出租单位应当对出租的机械设备和施工机具及配件的安全性能进行检测，在签订租赁协议时，应当出具检测合格证明。

禁止出租检测不合格的机械设备和施工机具及配件。

第十七条 在施工现场安装、拆卸施工起重机械和整体提升脚手架、模板等自升式架设设施，必须由具有相应资质的单位承担。

安装、拆卸施工起重机械和整体提升脚手架、模板等自升式架设设施，应当编制拆装方案、制定安全施工措施，并由专业技术人员现场监督。

施工起重机械和整体提升脚手架、模板等自升式架设设施安装完毕后，安装单位应当自检，出具自检合格证明，并向施工单位进行安全使用说明，办理验收手续并签字。

第十八条 施工起重机械和整体提升脚手架、模板等自升式架设设施的使用达到国家规定的检验检测期限的，必须经具有专业资质的检验检测机构检测。经检测不合格的，不得继续使用。

第十九条 检验检测机构对检测合格的施工起重机械和整体提升脚手架、模板等自升式架设设施，应当出具安全合格证明文件，并对检测结果负责。

第四章 施工单位的安全责任

第二十条 施工单位从事建设工程的新建、扩建、改建和拆除等活动，应当具备国家规定的注册资本、专业技术人员、技术装备和安全生产等条件，依法取得相应等级的资质证书，并在其资质等级许可的范围内承揽工程。

第二十一条 施工单位主要负责人依法对本单位的安全生产工作全面负责。施工单位应当建立健全安全生产责任制度和安全生产教育培训制度，制定安全生产规章制度和操作规程，保证本单位安全生产条件所需资金的投入，对所承担的建设工程进行定期和专项安全检查，并做好安全检查记录。

施工单位的项目负责人应当由取得相应执业资格的人员担任，对建设工程项目的安全施工负责，落实安全生产责任制度、安全生产规章制度和操作规程，确保安全生产费用的有效使用，并根据工程的特点组织制定安全施工措施，消除安全事故隐患，及时、如实报告生产安全事故。

第二十二条 施工单位对列入建设工程概算的安全作业环境及安全施工措施所需费用，应当用于施工安全防护用具及设施的采购和更新、安全施工措施的落实、安全生产条件的改善，不得挪作他用。

第二十三条 施工单位应当设立安全生产管理机构，配备专职安全生产管理人员。

专职安全生产管理人员负责对安全生产进行现场监督检查。发现安全事故隐患,应当及时向项目负责人和安全生产管理机构报告;对违章指挥、违章操作的,应当立即制止。

专职安全生产管理人员的配备办法由国务院建设行政主管部门会同国务院其他有关部门制定。

第二十四条 建设工程实行施工总承包的,由总承包单位对施工现场的安全生产负总责。

总承包单位应当自行完成建设工程主体结构的施工。

总承包单位依法将建设工程分包给其他单位的,分包合同中应当明确各自的安全生产方面的权利、义务。总承包单位和分包单位对分包工程的安全生产承担连带责任。

分包单位应当服从总承包单位的安全生产管理,分包单位不服从管理导致生产安全事故的,由分包单位承担主要责任。

第二十五条 垂直运输机械作业人员、安装拆卸工、爆破作业人员、起重信号工、登高架设作业人员等特种作业人员,必须按照国家有关规定经过专门的安全作业培训,并取得特种作业操作资格证书后,方可上岗作业。

第二十六条 施工单位应当在施工组织设计中编制安全技术措施和施工现场临时用电方案,对下列达到一定规模的危险性较大的分部分项工程编制专项施工方案,并附具安全验算结果,经施工单位技术负责人、总监理工程师签字后实施,由专职安全生产管理人员进行现场监督:

(一)基坑支护与降水工程;

(二)土方开挖工程;

(三)模板工程;

(四)起重吊装工程;

(五)脚手架工程;

(六)拆除、爆破工程;

(七)国务院建设行政主管部门或者其他有关部门规定的其他危险性较大的工程。

对前款所列工程中涉及深基坑、地下暗挖工程、高大模板工程的专项施工方案,施工单位还应当组织专家进行论证、审查。

本条第一款规定的达到一定规模的危险性较大工程的标准,由国务院建设行政主管部门会同国务院其他有关部门制定。

第二十七条 建设工程施工前,施工单位负责项目管理的技术人员应当对有关安全施工的技术要求向施工作业班组、作业人员作出详细说明,并由双方签字确认。

第二十八条 施工单位应当在施工现场入口处、施工起重机械、临时用电设施、脚手架、出入通道口、楼梯口、电梯井口、孔洞口、桥梁口、隧道口、基坑边沿、爆破物及有害危险气体和液体存放处等危险部位,设置明显的安全警示标志。安全警示标志必须符合国家标准。

施工单位应当根据不同施工阶段和周围环境及季节、气候的变化,在施工现场采取相应的安全施工措施。施工现场暂时停止施工的,施工单位应当做好现场防护,所需费用由责任方承担,或者按照合同约定执行。

第二十九条 施工单位应当将施工现场的办公、生活区与作业区分开设置,并保持安全距离;办公、生活区的选址应当符合安全性要求。职工的膳食、饮水、休息场所等应当符合卫生标准。施工单位不得在尚未竣工的建筑物内设置员工集体宿舍。

施工现场临时搭建的建筑物应当符合安全使用要求。施工现场使用的装配式活动房屋应当具有产品合格证。

第三十条 施工单位对因建设工程施工可能造成损害的毗邻建筑物、构筑物和地下管线等,应当采取专项防护措施。

施工单位应当遵守有关环境保护法律、法规的规定,在施工现场采取措施,防止或者减少粉尘、废气、废水、固体废物、噪声、振动和施工照明对人和环境的危害和污染。

在城市市区内的建设工程,施工单位应当对施工现场实行封闭围挡。

第三十一条 施工单位应当在施工现场建立消防安全责任制度,确定消防安全责任人,制定用火、用电、使用易燃易爆材料等各项消防安全管理制度和操作规程,设置消防通道、消防水源,配备消防设施和灭火器材,并在施工现场入口处设置明显标志。

第三十二条 施工单位应当向作业人员提供安全防护用具和安全防护服装,并书面告知危险岗位的操作规程和违章操作的危害。

作业人员有权对施工现场的作业条件、作业程序和作业方式中存在的安全问题提出批评、检举和控告,有权拒绝违章指挥和强令冒险作业。

在施工中发生危及人身安全的紧急情况时,作业人员有权立即停止作业或者在采取必要的应急措施后撤离危险区域。

第三十三条 作业人员应当遵守安全施工的强制性标准、规章制度和操作规程,正确使用安全防护用具、机械设备等。

第三十四条 施工单位采购、租赁的安全防护用具、机械设备、施工机具及配件,应当具有生产(制造)许可证、产品合格证,并在进入施工现场前进行查验。

施工现场的安全防护用具、机械设备、施工机具及配件必须由专人管理,定期进行检查、维修和保养,建立相应的资料档案,并按照国家有关规定及时报废。

第三十五条 施工单位在使用施工起重机械和整体提升脚手架、模板等自升式架设设施前,应当组织有关单位进行验收,也可以委托具有相应资质的检验检测机构进行验收;使用承租的机械设备和施工机具及配件的,由施工总承包单位、分包单位、出租单位和安装单位共同进行验收。验收合格的方可使用。

《特种设备安全监察条例》规定的施工起重机械,在验收前应当经有相应资质的检验检测机构监督检验合格。

施工单位应当自施工起重机械和整体提升脚手架、模板等自升式架设设施验收合格之日起 30 日内,向建设行政主管部门或者其他有关部门登记。登记标志应当置于或者附着于该设备的显著位置。

第三十六条 施工单位的主要负责人、项目负责人、专职安全生产管理人员应当经建设行政主管部门或者其他有关部门考核合格后方可任职。

施工单位应当对管理人员和作业人员每年至少进行一次安全生产教育培训,其教育培训情况记入个人工作档案。安全生产教育培训考核不合格的人员,不得上岗。

第三十七条 作业人员进入新的岗位或者新的施工现场前,应当接受安全生产教育培训。未经教育培训或者教育培训考核不合格的人员,不得上岗作业。

施工单位在采用新技术、新工艺、新设备、新材料时,应当对作业人员进行相应的安全生产教育培训。

第三十八条 施工单位应当为施工现场从事危险作业的人员办理意外伤害保险。

意外伤害保险费由施工单位支付。实行施工总承包的,由总承包单位支付意外伤害保险费。意外伤害保险期限自建设工程开工之日起至竣工验收合格止。

第五章 监 督 管 理

第三十九条 国务院负责安全生产监督管理的部门依照《中华人民共和国安全生产法》的规定,对全国建设工程安全生产工作实施综合监督管理。

县级以上地方人民政府负责安全生产监督管理的部门依照《中华人民共和国安全生产法》的规定,对本行政区域内建设工程安全生产工作实施综合监督管理。

第四十条 国务院建设行政主管部门对全国的建设工程安全生产实施监督管理。国务院铁路、交通、水利等有关部门按照国务院规定的职责分工,负责有关专业建设工程安全生产的监督管理。

县级以上地方人民政府建设行政主管部门对本行政区域内的建设工程安全生产实施监督管理。县级以上地方人民政府交通、水利等有关部门在各自的职责范围内,负责本行政区域内的专业建设工程安全生产的监督管理。

第四十一条 建设行政主管部门和其他有关部门应当将本条例第十条、第十一条规定的有关资料的主要内容抄送同级负责安全生产监督管理的部门。

第四十二条 建设行政主管部门在审核发放施工许可证时,应当对建设工程是否有安全施工措施进行审查,对没有安全施工措施的,不得颁发施工许可证。

建设行政主管部门或者其他有关部门对建设工程是否有安全施工措施进行审查时,不得收取费用。

第四十三条 县级以上人民政府负有建设工程安全生产监督管理职责的部门在各自的职责范围内履行安全监督检查职责时,有权采取下列措施:

(一)要求被检查单位提供有关建设工程安全生产的文件和资料;

（二）进入被检查单位施工现场进行检查；

（三）纠正施工中违反安全生产要求的行为；

（四）对检查中发现的安全事故隐患,责令立即排除；重大安全事故隐患排除前或者排除过程中无法保证安全的,责令从危险区域内撤出作业人员或者暂时停止施工。

第四十四条 建设行政主管部门或者其他有关部门可以将施工现场的监督检查委托给建设工程安全监督机构具体实施。

第四十五条 国家对严重危及施工安全的工艺、设备、材料实行淘汰制度。具体目录由国务院建设行政主管部门会同国务院其他有关部门制定并公布。

第四十六条 县级以上人民政府建设行政主管部门和其他有关部门应当及时受理对建设工程生产安全事故及安全事故隐患的检举、控告和投诉。

第六章 生产安全事故的应急救援和调查处理

第四十七条 县级以上地方人民政府建设行政主管部门应当根据本级人民政府的要求,制定本行政区域内建设工程特大生产安全事故应急救援预案。

第四十八条 施工单位应当制定本单位生产安全事故应急救援预案,建立应急救援组织或者配备应急救援人员,配备必要的应急救援器材、设备,并定期组织演练。

第四十九条 施工单位应当根据建设工程施工的特点、范围,对施工现场易发生重大事故的部位、环节进行监控,制定施工现场生产安全事故应急救援预案。实行施工总承包的,由总承包单位统一组织编制建设工程生产安全事故应急救援预案,工程总承包单位和分包单位按照应急救援预案,各自建立应急救援组织或者配备应急救援人员,配备救援器材、设备,并定期组织演练。

第五十条 施工单位发生生产安全事故,应当按照国家有关伤亡事故报告和调查处理的规定,及时、如实地向负责安全生产监督管理的部门、建设行政主管部门或者其他有关部门报告；特种设备发生事故的,还应当同时向特种设备安全监督管理部门报告。接到报告的部门应当按照国家有关规定,如实上报。

实行施工总承包的建设工程,由总承包单位负责上报事故。

第五十一条 发生生产安全事故后,施工单位应当采取措施防止事故扩大,保护事故现场。需要移动现场物品时,应当做出标记和书面记录,妥善保管有关证物。

第五十二条 建设工程生产安全事故的调查、对事故责任单位和责任人的处罚与处理,按照有关法律、法规的规定执行。

第七章 法 律 责 任

第五十三条 违反本条例的规定,县级以上人民政府建设行政主管部门或者其他有关行政管理部门的工作人员,有下列行为之一的,给予降级或者撤职的行政处分;构成犯罪的,依照刑法有关规定追究刑事责任:

(一)对不具备安全生产条件的施工单位颁发资质证书的;

(二)对没有安全施工措施的建设工程颁发施工许可证的;

(三)发现违法行为不予查处的;

(四)不依法履行监督管理职责的其他行为。

第五十四条 违反本条例的规定,建设单位未提供建设工程安全生产作业环境及安全施工措施所需费用的,责令限期改正;逾期未改正的,责令该建设工程停止施工。

建设单位未将保证安全施工的措施或者拆除工程的有关资料报送有关部门备案的,责令限期改正,给予警告。

第五十五条 违反本条例的规定,建设单位有下列行为之一的,责令限期改正,处20万元以上50万元以下的罚款;造成重大安全事故,构成犯罪的,对直接责任人员,依照刑法有关规定追究刑事责任;造成损失的,依法承担赔偿责任:

(一)对勘察、设计、施工、工程监理等单位提出不符合安全生产法律、法规和强制性标准规定的要求的;

(二)要求施工单位压缩合同约定的工期的;

(三)将拆除工程发包给不具有相应资质等级的施工单位的。

第五十六条 违反本条例的规定,勘察单位、设计单位有下列行为之一的,责令限期改正,处10万元以上30万元以下的罚款;情节严重的,责令停业整顿,降低资质等级,直至吊销资质证书;造成重大安全事故,构成犯罪的,对直接责任人员,依照刑法有关规定追究刑事责任;造成损失的,依法承担赔偿责任:

(一)未按照法律、法规和工程建设强制性标准进行勘察、设计的;

(二)采用新结构、新材料、新工艺的建设工程和特殊结构的建设工程,设计单位未在设计中提出保障施工作业人员安全和预防生产安全事故的措施建议的。

第五十七条 违反本条例的规定,工程监理单位有下列行为之一的,责令限期改正;逾期未改正的,责令停业整顿,并处 10 万元以上 30 万元以下的罚款;情节严重的,降低资质等级,直至吊销资质证书;造成重大安全事故,构成犯罪的,对直接责任人员,依照刑法有关规定追究刑事责任;造成损失的,依法承担赔偿责任:

(一)未对施工组织设计中的安全技术措施或者专项施工方案进行审查的;

(二)发现安全事故隐患未及时要求施工单位整改或者暂时停止施工的;

(三)施工单位拒不整改或者不停止施工,未及时向有关主管部门报告的;

(四)未依照法律、法规和工程建设强制性标准实施监理的。

第五十八条 注册执业人员未执行法律、法规和工程建设强制性标准的,责令停止执业 3 个月以上 1 年以下;情节严重的,吊销执业资格证书,5 年内不予注册;造成重大安全事故的,终身不予注册;构成犯罪的,依照刑法有关规定追究刑事责任。

第五十九条 违反本条例的规定,为建设工程提供机械设备和配件的单位,未按照安全施工的要求配备齐全有效的保险、限位等安全设施和装置的,责令限期改正,处合同价款 1 倍以上 3 倍以下的罚款;造成损失的,依法承担赔偿责任。

第六十条 违反本条例的规定,出租单位出租未经安全性能检测或者经检测不合格的机械设备和施工机具及配件的,责令停业整顿,并处 5 万元以上 10 万元以下的罚款;造成损失的,依法承担赔偿责任。

第六十一条 违反本条例的规定,施工起重机械和整体提升脚手架、模板等自升式架设设施安装、拆卸单位有下列行为之一的,责令限期改正,处5万元以上10万元以下的罚款;情节严重的,责令停业整顿,降低资质等级,直至吊销资质证书;造成损失的,依法承担赔偿责任:

（一）未编制拆装方案、制定安全施工措施的;
（二）未由专业技术人员现场监督的;
（三）未出具自检合格证明或者出具虚假证明的;
（四）未向施工单位进行安全使用说明,办理移交手续的。

施工起重机械和整体提升脚手架、模板等自升式架设设施安装、拆卸单位有前款规定的第（一）项、第（三）项行为,经有关部门或者单位职工提出后,对事故隐患仍不采取措施,因而发生重大伤亡事故或者造成其他严重后果,构成犯罪的,对直接责任人员,依照刑法有关规定追究刑事责任。

第六十二条 违反本条例的规定,施工单位有下列行为之一的,责令限期改正;逾期未改正的,责令停业整顿,依照《中华人民共和国安全生产法》的有关规定处以罚款;造成重大安全事故,构成犯罪的,对直接责任人员,依照刑法有关规定追究刑事责任:

（一）未设立安全生产管理机构、配备专职安全生产管理人员或者分部分项工程施工时无专职安全生产管理人员现场监督的;
（二）施工单位的主要负责人、项目负责人、专职安全生产管理人员、作业人员或者特种作业人员,未经安全教育培训或者经考核不合格即从事相关工作的;
（三）未在施工现场的危险部位设置明显的安全警示标志,或者未按照国家有关规定在施工现场设置消防通道、消防水源、配备消防设施和灭火器材的;
（四）未向作业人员提供安全防护用具和安全防护服装的;
（五）未按照规定在施工起重机械和整体提升脚手架、模板等自升式架设设施验收合格后登记的;
（六）使用国家明令淘汰、禁止使用的危及施工安全的工艺、设备、材料的。

第六十三条 违反本条例的规定,施工单位挪用列入建设工程概算的安全生产作业环境及安全施工措施所需费用的,责令限期改正,处挪用费用20%以上50%以下的罚款;造成损失的,依法承担赔偿责任。

第六十四条 违反本条例的规定,施工单位有下列行为之一的,责令限期改正;逾期未改正的,责令停业整顿,并处5万元以上10万元以下的罚款;造成重大安全事故,构成犯罪的,对直接责任人员,依照刑法有关规定追究刑事责任:

(一)施工前未对有关安全施工的技术要求作出详细说明的;

(二)未根据不同施工阶段和周围环境及季节、气候的变化,在施工现场采取相应的安全施工措施,或者在城市市区内的建设工程的施工现场未实行封闭围挡的;

(三)在尚未竣工的建筑物内设置员工集体宿舍的;

(四)施工现场临时搭建的建筑物不符合安全使用要求的;

(五)未对因建设工程施工可能造成损害的毗邻建筑物、构筑物和地下管线等采取专项防护措施的。

施工单位有前款规定第(四)项、第(五)项行为,造成损失的,依法承担赔偿责任。

第六十五条 违反本条例的规定,施工单位有下列行为之一的,责令限期改正;逾期未改正的,责令停业整顿,并处10万元以上30万元以下的罚款;情节严重的,降低资质等级,直至吊销资质证书;造成重大安全事故,构成犯罪的,对直接责任人员,依照刑法有关规定追究刑事责任;造成损失的,依法承担赔偿责任:

(一)安全防护用具、机械设备、施工机具及配件在进入施工现场前未经查验或者查验不合格即投入使用的;

(二)使用未经验收或者验收不合格的施工起重机械和整体提升脚手架、模板等自升式架设设施的;

(三)委托不具有相应资质的单位承担施工现场安装、拆卸施工起重机械和整体提升脚手架、模板等自升式架设设施的;

(四)在施工组织设计中未编制安全技术措施、施工现场临时用电方案或者专项施工方案的。

第六十六条 违反本条例的规定,施工单位的主要负责人、项目负责人未履行安全生产管理职责的,责令限期改正;逾期未改正的,责令施工单位停业整顿;造成重大安全事故、重大伤亡事故或者其他严重后果,构成犯罪的,依照刑法有关规定追究刑事责任。

作业人员不服管理、违反规章制度和操作规程冒险作业造成重大伤亡事故或者其他严重后果,构成犯罪的,依照刑法有关规定追究刑事责任。

施工单位的主要负责人、项目负责人有前款违法行为,尚不够刑事处罚的,处2万元以上20万元以下的罚款或者按照管理权限给予撤职处分;自刑罚执行完毕或者受处分之日起,5年内不得担任任何施工单位的主要负责人、项目负责人。

第六十七条　施工单位取得资质证书后,降低安全生产条件的,责令限期改正;经整改仍未达到与其资质等级相适应的安全生产条件的,责令停业整顿,降低其资质等级直至吊销资质证书。

第六十八条　本条例规定的行政处罚,由建设行政主管部门或者其他有关部门依照法定职权决定。

违反消防安全管理规定的行为,由公安消防机构依法处罚。

有关法律、行政法规对建设工程安全生产违法行为的行政处罚决定机关另有规定的,从其规定。

第八章　附　　则

第六十九条　抢险救灾和农民自建低层住宅的安全生产管理,不适用本条例。

第七十条　军事建设工程的安全生产管理,按照中央军事委员会的有关规定执行。

第七十一条　本条例自2004年2月1日起施行。

五、工程质量管理

建设工程质量管理条例

(2000年1月30日国务院令第279号公布 根据2017年10月7日国务院令第687号《关于修改部分行政法规的决定》第一次修订 根据2019年4月23日国务院令第714号《关于修改部分行政法规的决定》第二次修订)

第一章 总 则

第一条 为了加强对建设工程质量的管理,保证建设工程质量,保护人民生命和财产安全,根据《中华人民共和国建筑法》,制定本条例。

第二条 凡在中华人民共和国境内从事建设工程的新建、扩建、改建等有关活动及实施对建设工程质量监督管理的,必须遵守本条例。本条例所称建设工程,是指土木工程、建筑工程、线路管道和设备安装工程及装修工程。

第三条 建设单位、勘察单位、设计单位、施工单位、工程监理单位依法对建设工程质量负责。

第四条 县级以上人民政府建设行政主管部门和其他有关部门应当加强对建设工程质量的监督管理。

第五条 从事建设工程活动,必须严格执行基本建设程序,坚持先勘察、后设计、再施工的原则。

县级以上人民政府及其有关部门不得超越权限审批建设项目或者擅自简化基本建设程序。

第六条 国家鼓励采用先进的科学技术和管理方法,提高建设工程质量。

第二章 建设单位的质量责任和义务

第七条 建设单位应当将工程发包给具有相应资质等级的单位。

建设单位不得将建设工程肢解发包。

第八条 建设单位应当依法对工程建设项目的勘察、设计、施工、监理以及与工程建设有关的重要设备、材料等的采购进行招标。

第九条 建设单位必须向有关的勘察、设计、施工、工程监理等单位提供与建设工程有关的原始资料。

原始资料必须真实、准确、齐全。

第十条 建设工程发包单位不得迫使承包方以低于成本的价格竞标,不得任意压缩合理工期。

建设单位不得明示或者暗示设计单位或者施工单位违反工程建设强制性标准,降低建设工程质量。

第十一条 施工图设计文件审查的具体办法,由国务院建设行政主管部门、国务院其他有关部门制定。

施工图设计文件未经审查批准的,不得使用。

第十二条 实行监理的建设工程,建设单位应当委托具有相应资质等级的工程监理单位进行监理,也可以委托具有工程监理相应资质等级并与被监理工程的施工承包单位没有隶属关系或者其他利害关系的该工程的设计单位进行监理。

下列建设工程必须实行监理:

(一)国家重点建设工程;

(二)大中型公用事业工程;

(三)成片开发建设的住宅小区工程;

(四)利用外国政府或者国际组织贷款、援助资金的工程;

(五)国家规定必须实行监理的其他工程。

第十三条 建设单位在开工前,应当按照国家有关规定办理工程质量监督手续,工程质量监督手续可以与施工许可证或者开工报告合并办理。

第十四条　按照合同约定,由建设单位采购建筑材料、建筑构配件和设备的,建设单位应当保证建筑材料、建筑构配件和设备符合设计文件和合同要求。

建设单位不得明示或者暗示施工单位使用不合格的建筑材料、建筑构配件和设备。

第十五条　涉及建筑主体和承重结构变动的装修工程,建设单位应当在施工前委托原设计单位或者具有相应资质等级的设计单位提出设计方案;没有设计方案的,不得施工。

房屋建筑使用者在装修过程中,不得擅自变动房屋建筑主体和承重结构。

第十六条　建设单位收到建设工程竣工报告后,应当组织设计、施工、工程监理等有关单位进行竣工验收。

建设工程竣工验收应当具备下列条件:
(一)完成建设工程设计和合同约定的各项内容;
(二)有完整的技术档案和施工管理资料;
(三)有工程使用的主要建筑材料、建筑构配件和设备的进场试验报告;
(四)有勘察、设计、施工、工程监理等单位分别签署的质量合格文件;
(五)有施工单位签署的工程保修书。

建设工程经验收合格的,方可交付使用。

第十七条　建设单位应当严格按照国家有关档案管理的规定,及时收集、整理建设项目各环节的文件资料,建立、健全建设项目档案,并在建设工程竣工验收后,及时向建设行政主管部门或者其他有关部门移交建设项目档案。

第三章　勘察、设计单位的质量责任和义务

第十八条　从事建设工程勘察、设计的单位应当依法取得相应等级的资质证书,并在其资质等级许可的范围内承揽工程。

禁止勘察、设计单位超越其资质等级许可的范围或者以其他勘察、设计单位的名义承揽工程。禁止勘察、设计单位允许其他单位或者个人以本单位的名义承揽工程。

勘察、设计单位不得转包或者违法分包所承揽的工程。

第十九条 勘察、设计单位必须按照工程建设强制性标准进行勘察、设计,并对其勘察、设计的质量负责。

注册建筑师、注册结构工程师等注册执业人员应当在设计文件上签字,对设计文件负责。

第二十条 勘察单位提供的地质、测量、水文等勘察成果必须真实、准确。

第二十一条 设计单位应当根据勘察成果文件进行建设工程设计。

设计文件应当符合国家规定的设计深度要求,注明工程合理使用年限。

第二十二条 设计单位在设计文件中选用的建筑材料、建筑构配件和设备,应当注明规格、型号、性能等技术指标,其质量要求必须符合国家规定的标准。

除有特殊要求的建筑材料、专用设备、工艺生产线等外,设计单位不得指定生产厂、供应商。

第二十三条 设计单位应当就审查合格的施工图设计文件向施工单位作出详细说明。

第二十四条 设计单位应当参与建设工程质量事故分析,并对因设计造成的质量事故,提出相应的技术处理方案。

第四章 施工单位的质量责任和义务

第二十五条 施工单位应当依法取得相应等级的资质证书,并在其资质等级许可的范围内承揽工程。

禁止施工单位超越本单位资质等级许可的业务范围或者以其他施工单位的名义承揽工程。禁止施工单位允许其他单位或者个人以本单位的名义承揽工程。

施工单位不得转包或者违法分包工程。

第二十六条 施工单位对建设工程的施工质量负责。

施工单位应当建立质量责任制,确定工程项目的项目经理、技术负责人和施工管理负责人。

建设工程实行总承包的,总承包单位应当对全部建设工程质量负责;建设工程勘察、设计、施工、设备采购的一项或者多项实行总承包的,总承包单位应当对其承包的建设工程或者采购的设备的质量负责。

第二十七条 总承包单位依法将建设工程分包给其他单位的,分包单位应当按照分包合同的约定对其分包工程的质量向总承包单位负责,总承包单位与分包单位对分包工程的质量承担连带责任。

第二十八条 施工单位必须按照工程设计图纸和施工技术标准施工,不得擅自修改工程设计,不得偷工减料。

施工单位在施工过程中发现设计文件和图纸有差错的,应当及时提出意见和建议。

第二十九条 施工单位必须按照工程设计要求、施工技术标准和合同约定,对建筑材料、建筑构配件、设备和商品混凝土进行检验,检验应当有书面记录和专人签字;未经检验或者检验不合格的,不得使用。

第三十条 施工单位必须建立、健全施工质量的检验制度,严格工序管理,作好隐蔽工程的质量检查和记录。隐蔽工程在隐蔽前,施工单位应当通知建设单位和建设工程质量监督机构。

第三十一条 施工人员对涉及结构安全的试块、试件以及有关材料,应当在建设单位或者工程监理单位监督下现场取样,并送具有相应资质等级的质量检测单位进行检测。

第三十二条 施工单位对施工中出现质量问题的建设工程或者竣工验收不合格的建设工程,应当负责返修。

第三十三条 施工单位应当建立、健全教育培训制度,加强对职工的教育培训;未经教育培训或者考核不合格的人员,不得上岗作业。

第五章 工程监理单位的质量责任和义务

第三十四条 工程监理单位应当依法取得相应等级的资质证书,并在其资质等级许可的范围内承担工程监理业务。

禁止工程监理单位超越本单位资质等级许可的范围或者以其他工程监理单位的名义承担工程监理业务。禁止工程监理单位允许其他单位或者个人以本单位的名义承担工程监理业务。

工程监理单位不得转让工程监理业务。

第三十五条　工程监理单位与被监理工程的施工承包单位以及建筑材料、建筑构配件和设备供应单位有隶属关系或者其他利害关系的,不得承担该项建设工程的监理业务。

第三十六条　工程监理单位应当依照法律、法规以及有关技术标准、设计文件和建设工程承包合同,代表建设单位对施工质量实施监理,并对施工质量承担监理责任。

第三十七条　工程监理单位应当选派具备相应资格的总监理工程师和监理工程师进驻施工现场。

未经监理工程师签字,建筑材料、建筑构配件和设备不得在工程上使用或者安装,施工单位不得进行下一道工序的施工。未经总监理工程师签字,建设单位不拨付工程款,不进行竣工验收。

第三十八条　监理工程师应当按照工程监理规范的要求,采取旁站、巡视和平行检验等形式,对建设工程实施监理。

第六章　建设工程质量保修

第三十九条　建设工程实行质量保修制度。

建设工程承包单位在向建设单位提交工程竣工验收报告时,应当向建设单位出具质量保修书。质量保修书中应当明确建设工程的保修范围、保修期限和保修责任等。

第四十条　在正常使用条件下,建设工程的最低保修期限为:

(一)基础设施工程、房屋建筑的地基基础工程和主体结构工程,为设计文件规定的该工程的合理使用年限;

(二)屋面防水工程、有防水要求的卫生间、房间和外墙面的防渗漏,为5年;

(三)供热与供冷系统,为2个采暖期、供冷期;

(四)电气管线、给排水管道、设备安装和装修工程,为2年。

其他项目的保修期限由发包方与承包方约定。

建设工程的保修期,自竣工验收合格之日起计算。

第四十一条　建设工程在保修范围和保修期限内发生质量问题的,施工单位应当履行保修义务,并对造成的损失承担赔偿责任。

第四十二条 建设工程在超过合理使用年限后需要继续使用的,产权所有人应当委托具有相应资质等级的勘察、设计单位鉴定,并根据鉴定结果采取加固、维修等措施,重新界定使用期。

第七章 监督管理

第四十三条 国家实行建设工程质量监督管理制度。

国务院建设行政主管部门对全国的建设工程质量实施统一监督管理。国务院铁路、交通、水利等有关部门按照国务院规定的职责分工,负责对全国的有关专业建设工程质量的监督管理。

县级以上地方人民政府建设行政主管部门对本行政区域内的建设工程质量实施监督管理。县级以上地方人民政府交通、水利等有关部门在各自的职责范围内,负责对本行政区域内的专业建设工程质量的监督管理。

第四十四条 国务院建设行政主管部门和国务院铁路、交通、水利等有关部门应当加强对有关建设工程质量的法律、法规和强制性标准执行情况的监督检查。

第四十五条 国务院发展计划部门按照国务院规定的职责,组织稽察特派员,对国家出资的重大建设项目实施监督检查。

国务院经济贸易主管部门按照国务院规定的职责,对国家重大技术改造项目实施监督检查。

第四十六条 建设工程质量监督管理,可以由建设行政主管部门或者其他有关部门委托的建设工程质量监督机构具体实施。

从事房屋建筑工程和市政基础设施工程质量监督的机构,必须按照国家有关规定经国务院建设行政主管部门或者省、自治区、直辖市人民政府建设行政主管部门考核;从事专业建设工程质量监督的机构,必须按照国家有关规定经国务院有关部门或者省、自治区、直辖市人民政府有关部门考核。经考核合格后,方可实施质量监督。

第四十七条 县级以上地方人民政府建设行政主管部门和其他有关部门应当加强对有关建设工程质量的法律、法规和强制性标准执行情况的监督检查。

第四十八条 县级以上人民政府建设行政主管部门和其他有关部门履

行监督检查职责时,有权采取下列措施:

(一)要求被检查的单位提供有关工程质量的文件和资料;

(二)进入被检查单位的施工现场进行检查;

(三)发现有影响工程质量的问题时,责令改正。

第四十九条 建设单位应当自建设工程竣工验收合格之日起15日内,将建设工程竣工验收报告和规划、公安消防、环保等部门出具的认可文件或者准许使用文件报建设行政主管部门或者其他有关部门备案。

建设行政主管部门或者其他有关部门发现建设单位在竣工验收过程中有违反国家有关建设工程质量管理规定行为的,责令停止使用,重新组织竣工验收。

第五十条 有关单位和个人对县级以上人民政府建设行政主管部门和其他有关部门进行的监督检查应当支持与配合,不得拒绝或者阻碍建设工程质量监督检查人员依法执行职务。

第五十一条 供水、供电、供气、公安消防等部门或者单位不得明示或者暗示建设单位、施工单位购买其指定的生产供应单位的建筑材料、建筑构配件和设备。

第五十二条 建设工程发生质量事故,有关单位应当在24小时内向当地建设行政主管部门和其他有关部门报告。对重大质量事故,事故发生地的建设行政主管部门和其他有关部门应当按照事故类别和等级向当地人民政府和上级建设行政主管部门和其他有关部门报告。

特别重大质量事故的调查程序按照国务院有关规定办理。

第五十三条 任何单位和个人对建设工程的质量事故、质量缺陷都有权检举、控告、投诉。

第八章 罚 则

第五十四条 违反本条例规定,建设单位将建设工程发包给不具有相应资质等级的勘察、设计、施工单位或者委托给不具有相应资质等级的工程监理单位的,责令改正,处50万元以上100万元以下的罚款。

第五十五条 违反本条例规定,建设单位将建设工程肢解发包的,责令改正,处工程合同价款百分之零点五以上百分之一以下的罚款;对全部或者部分使用国有资金的项目,并可以暂停项目执行或者暂停资金拨付。

第五十六条　违反本条例规定,建设单位有下列行为之一的,责令改正,处 20 万元以上 50 万元以下的罚款:

(一)迫使承包方以低于成本的价格竞标的;

(二)任意压缩合理工期的;

(三)明示或者暗示设计单位或者施工单位违反工程建设强制性标准,降低工程质量的;

(四)施工图设计文件未经审查或者审查不合格,擅自施工的;

(五)建设项目必须实行工程监理而未实行工程监理的;

(六)未按照国家规定办理工程质量监督手续的;

(七)明示或者暗示施工单位使用不合格的建筑材料、建筑构配件和设备的;

(八)未按照国家规定将竣工验收报告、有关认可文件或者准许使用文件报送备案的。

第五十七条　违反本条例规定,建设单位未取得施工许可证或者开工报告未经批准,擅自施工的,责令停止施工,限期改正,处工程合同价款百分之一以上百分之二以下的罚款。

第五十八条　违反本条例规定,建设单位有下列行为之一的,责令改正,处工程合同价款百分之二以上百分之四以下的罚款;造成损失的,依法承担赔偿责任:

(一)未组织竣工验收,擅自交付使用的;

(二)验收不合格,擅自交付使用的;

(三)对不合格的建设工程按照合格工程验收的。

第五十九条　违反本条例规定,建设工程竣工验收后,建设单位未向建设行政主管部门或者其他有关部门移交建设项目档案的,责令改正,处 1 万元以上 10 万元以下的罚款。

第六十条　违反本条例规定,勘察、设计、施工、工程监理单位超越本单位资质等级承揽工程的,责令停止违法行为,对勘察、设计单位或者工程监理单位处合同约定的勘察费、设计费或者监理酬金 1 倍以上 2 倍以下的罚款;对施工单位处工程合同价款百分之二以上百分之四以下的罚款,可以责令停业整顿,降低资质等级;情节严重的,吊销资质证书;有违法所得的,予以没收。

未取得资质证书承揽工程的,予以取缔,依照前款规定处以罚款;有违法所得的,予以没收。

以欺骗手段取得资质证书承揽工程的,吊销资质证书,依照本条第一款规定处以罚款;有违法所得的,予以没收。

第六十一条 违反本条例规定,勘察、设计、施工、工程监理单位允许其他单位或者个人以本单位名义承揽工程的,责令改正,没收违法所得,对勘察、设计单位和工程监理单位处合同约定的勘察费、设计费和监理酬金1倍以上2倍以下的罚款;对施工单位处工程合同价款百分之二以上百分之四以下的罚款;可以责令停业整顿,降低资质等级;情节严重的,吊销资质证书。

第六十二条 违反本条例规定,承包单位将承包的工程转包或者违法分包的,责令改正,没收违法所得,对勘察、设计单位处合同约定的勘察费、设计费百分之二十五以上百分之五十以下的罚款;对施工单位处工程合同价款百分之零点五以上百分之一以下的罚款;可以责令停业整顿,降低资质等级;情节严重的,吊销资质证书。

工程监理单位转让工程监理业务的,责令改正,没收违法所得,处合同约定的监理酬金百分之二十五以上百分之五十以下的罚款;可以责令停业整顿,降低资质等级;情节严重的,吊销资质证书。

第六十三条 违反本条例规定,有下列行为之一的,责令改正,处10万元以上30万元以下的罚款:

(一)勘察单位未按照工程建设强制性标准进行勘察的;

(二)设计单位未根据勘察成果文件进行工程设计的;

(三)设计单位指定建筑材料、建筑构配件的生产厂、供应商的;

(四)设计单位未按照工程建设强制性标准进行设计的。

有前款所列行为,造成工程质量事故的,责令停业整顿,降低资质等级;情节严重的,吊销资质证书;造成损失的,依法承担赔偿责任。

第六十四条 违反本条例规定,施工单位在施工中偷工减料的,使用不合格的建筑材料、建筑构配件和设备的,或者有不按照工程设计图纸或者施工技术标准施工的其他行为的,责令改正,处工程合同价款百分之二以上百分之四以下的罚款;造成建设工程质量不符合规定的质量标准的,负责返工、修理,并赔偿因此造成的损失;情节严重的,责令停业整顿,降低资质等级或者吊销资质证书。

第六十五条 违反本条例规定,施工单位未对建筑材料、建筑构配件、设备和商品混凝土进行检验,或者未对涉及结构安全的试块、试件以及有关材料取样检测的,责令改正,处10万元以上20万元以下的罚款;情节严重的,责令停业整顿,降低资质等级或者吊销资质证书;造成损失的,依法承担赔偿责任。

第六十六条 违反本条例规定,施工单位不履行保修义务或者拖延履行保修义务的,责令改正,处10万元以上20万元以下的罚款,并对在保修期内因质量缺陷造成的损失承担赔偿责任。

第六十七条 工程监理单位有下列行为之一的,责令改正,处50万元以上100万元以下的罚款,降低资质等级或者吊销资质证书;有违法所得的,予以没收;造成损失的,承担连带赔偿责任:

(一)与建设单位或者施工单位串通,弄虚作假、降低工程质量的;

(二)将不合格的建设工程、建筑材料、建筑构配件和设备按照合格签字的。

第六十八条 违反本条例规定,工程监理单位与被监理工程的施工承包单位以及建筑材料、建筑构配件和设备供应单位有隶属关系或者其他利害关系承担该项建设工程的监理业务的,责令改正,处5万元以上10万元以下的罚款,降低资质等级或者吊销资质证书;有违法所得的,予以没收。

第六十九条 违反本条例规定,涉及建筑主体或者承重结构变动的装修工程,没有设计方案擅自施工的,责令改正,处50万元以上100万元以下的罚款;房屋建筑使用者在装修过程中擅自变动房屋建筑主体和承重结构的,责令改正,处5万元以上10万元以下的罚款。

有前款所列行为,造成损失的,依法承担赔偿责任。

第七十条 发生重大工程质量事故隐瞒不报、谎报或者拖延报告期限的,对直接负责的主管人员和其他责任人员依法给予行政处分。

第七十一条 违反本条例规定,供水、供电、供气、公安消防等部门或者单位明示或者暗示建设单位或者施工单位购买其指定的生产供应单位的建筑材料、建筑构配件和设备的,责令改正。

第七十二条 违反本条例规定,注册建筑师、注册结构工程师、监理工程师等注册执业人员因过错造成质量事故的,责令停止执业1年;造成重大质量事故的,吊销执业资格证书,5年以内不予注册;情节特别恶劣的,终身不予注册。

第七十三条 依照本条例规定,给予单位罚款处罚的,对单位直接负责的主管人员和其他直接责任人员处单位罚款数额百分之五以上百分之十以下的罚款。

第七十四条 建设单位、设计单位、施工单位、工程监理单位违反国家规定,降低工程质量标准,造成重大安全事故,构成犯罪的,对直接责任人员依法追究刑事责任。

第七十五条 本条例规定的责令停业整顿、降低资质等级和吊销资质证书的行政处罚,由颁发资质证书的机关决定;其他行政处罚,由建设行政主管部门或者其他有关部门依照法定职权决定。

依照本条例规定被吊销资质证书的,由工商行政管理部门吊销其营业执照。

第七十六条 国家机关工作人员在建设工程质量监督管理工作中玩忽职守、滥用职权、徇私舞弊,构成犯罪的,依法追究刑事责任;尚不构成犯罪的,依法给予行政处分。

第七十七条 建设、勘察、设计、施工、工程监理单位的工作人员因调动工作、退休等原因离开该单位后,被发现在该单位工作期间违反国家有关建设工程质量管理规定,造成重大工程质量事故的,仍应当依法追究法律责任。

第九章 附 则

第七十八条 本条例所称肢解发包,是指建设单位将应当由一个承包单位完成的建设工程分解成若干部分发包给不同的承包单位的行为。

本条例所称违法分包,是指下列行为:

(一)总承包单位将建设工程分包给不具备相应资质条件的单位的;

(二)建设工程总承包合同中未有约定,又未经建设单位认可,承包单位将其承包的部分建设工程交由其他单位完成的;

(三)施工总承包单位将建设工程主体结构的施工分包给其他单位的;

(四)分包单位将其承包的建设工程再分包的。

本条例所称转包,是指承包单位承包建设工程后,不履行合同约定的责任和义务,将其承包的全部建设工程转给他人或者将其承包的全部建设工程肢解以后以分包的名义分别转给其他单位承包的行为。

第七十九条 本条例规定的罚款和没收的违法所得,必须全部上缴国库。

第八十条 抢险救灾及其他临时性房屋建筑和农民自建低层住宅的建设活动,不适用本条例。

第八十一条 军事建设工程的管理,按照中央军事委员会的有关规定执行。

第八十二条 本条例自发布之日起施行。

建设工程勘察设计管理条例

(2000年9月25日国务院令第293号公布 根据2015年6月12日国务院令第662号《关于修改〈建设工程勘察设计管理条例〉的决定》第一次修订 根据2017年10月7日国务院令第687号《关于修改部分行政法规的决定》第二次修订)

第一章 总 则

第一条 为了加强对建设工程勘察、设计活动的管理,保证建设工程勘察、设计质量,保护人民生命和财产安全,制定本条例。

第二条 从事建设工程勘察、设计活动,必须遵守本条例。

本条例所称建设工程勘察,是指根据建设工程的要求,查明、分析、评价建设场地的地质地理环境特征和岩土工程条件,编制建设工程勘察文件的活动。

本条例所称建设工程设计,是指根据建设工程的要求,对建设工程所需的技术、经济、资源、环境等条件进行综合分析、论证,编制建设工程设计文件的活动。

第三条 建设工程勘察、设计应当与社会、经济发展水平相适应,做到经济效益、社会效益和环境效益相统一。

第四条 从事建设工程勘察、设计活动,应当坚持先勘察、后设计、再施工的原则。

第五条 县级以上人民政府建设行政主管部门和交通、水利等有关部门应当依照本条例的规定,加强对建设工程勘察、设计活动的监督管理。

建设工程勘察、设计单位必须依法进行建设工程勘察、设计,严格执行工程建设强制性标准,并对建设工程勘察、设计的质量负责。

第六条 国家鼓励在建设工程勘察、设计活动中采用先进技术、先进工艺、先进设备、新型材料和现代管理方法。

第二章 资质资格管理

第七条 国家对从事建设工程勘察、设计活动的单位,实行资质管理制度。具体办法由国务院建设行政主管部门商国务院有关部门制定。

第八条 建设工程勘察、设计单位应当在其资质等级许可的范围内承揽建设工程勘察、设计业务。

禁止建设工程勘察、设计单位超越其资质等级许可的范围或者以其他建设工程勘察、设计单位的名义承揽建设工程勘察、设计业务。禁止建设工程勘察、设计单位允许其他单位或者个人以本单位的名义承揽建设工程勘察、设计业务。

第九条 国家对从事建设工程勘察、设计活动的专业技术人员,实行执业资格注册管理制度。

未经注册的建设工程勘察、设计人员,不得以注册执业人员的名义从事建设工程勘察、设计活动。

第十条 建设工程勘察、设计注册执业人员和其他专业技术人员只能受聘于一个建设工程勘察、设计单位;未受聘于建设工程勘察、设计单位的,不得从事建设工程的勘察、设计活动。

第十一条 建设工程勘察、设计单位资质证书和执业人员注册证书,由国务院建设行政主管部门统一制作。

第三章 建设工程勘察设计发包与承包

第十二条 建设工程勘察、设计发包依法实行招标发包或者直接发包。

第十三条 建设工程勘察、设计应当依照《中华人民共和国招标投标法》的规定,实行招标发包。

第十四条 建设工程勘察、设计方案评标,应当以投标人的业绩、信誉和勘察、设计人员的能力以及勘察、设计方案的优劣为依据,进行综合评定。

第十五条 建设工程勘察、设计的招标人应当在评标委员会推荐的候选方案中确定中标方案。但是,建设工程勘察、设计的招标人认为评标委员会推荐的候选方案不能最大限度满足招标文件规定的要求的,应当依法重新招标。

第十六条 下列建设工程的勘察、设计,经有关主管部门批准,可以直接发包:

(一)采用特定的专利或者专有技术的;

(二)建筑艺术造型有特殊要求的;

(三)国务院规定的其他建设工程的勘察、设计。

第十七条 发包方不得将建设工程勘察、设计业务发包给不具有相应勘察、设计资质等级的建设工程勘察、设计单位。

第十八条 发包方可以将整个建设工程的勘察、设计发包给一个勘察、设计单位;也可以将建设工程的勘察、设计分别发包给几个勘察、设计单位。

第十九条 除建设工程主体部分的勘察、设计外,经发包方书面同意,承包方可以将建设工程其他部分的勘察、设计再分包给其他具有相应资质等级的建设工程勘察、设计单位。

第二十条 建设工程勘察、设计单位不得将所承揽的建设工程勘察、设计转包。

第二十一条 承包方必须在建设工程勘察、设计资质证书规定的资质等级和业务范围内承揽建设工程的勘察、设计业务。

第二十二条 建设工程勘察、设计的发包方与承包方,应当执行国家规定的建设工程勘察、设计程序。

第二十三条　建设工程勘察、设计的发包方与承包方应当签订建设工程勘察、设计合同。

第二十四条　建设工程勘察、设计发包方与承包方应当执行国家有关建设工程勘察费、设计费的管理规定。

第四章　建设工程勘察设计文件的编制与实施

第二十五条　编制建设工程勘察、设计文件，应当以下列规定为依据：
（一）项目批准文件；
（二）城乡规划；
（三）工程建设强制性标准；
（四）国家规定的建设工程勘察、设计深度要求。
铁路、交通、水利等专业建设工程，还应当以专业规划的要求为依据。

第二十六条　编制建设工程勘察文件，应当真实、准确，满足建设工程规划、选址、设计、岩土治理和施工的需要。

编制方案设计文件，应当满足编制初步设计文件和控制概算的需要。

编制初步设计文件，应当满足编制施工招标文件、主要设备材料订货和编制施工图设计文件的需要。

编制施工图设计文件，应当满足设备材料采购、非标准设备制作和施工的需要，并注明建设工程合理使用年限。

第二十七条　设计文件中选用的材料、构配件、设备，应当注明其规格、型号、性能等技术指标，其质量要求必须符合国家规定的标准。

除有特殊要求的建筑材料、专用设备和工艺生产线等外，设计单位不得指定生产厂、供应商。

第二十八条　建设单位、施工单位、监理单位不得修改建设工程勘察、设计文件；确需修改建设工程勘察、设计文件的，应当由原建设工程勘察、设计单位修改。经原建设工程勘察、设计单位书面同意，建设单位也可以委托其他具有相应资质的建设工程勘察、设计单位修改。修改单位对修改的勘察、设计文件承担相应责任。

施工单位、监理单位发现建设工程勘察、设计文件不符合工程建设强制性标准、合同约定的质量要求的，应当报告建设单位，建设单位有权要求建设工程勘察、设计单位对建设工程勘察、设计文件进行补充、修改。

建设工程勘察、设计文件内容需要作重大修改的,建设单位应当报经原审批机关批准后,方可修改。

第二十九条 建设工程勘察、设计文件中规定采用的新技术、新材料,可能影响建设工程质量和安全,又没有国家技术标准的,应当由国家认可的检测机构进行试验、论证,出具检测报告,并经国务院有关部门或者省、自治区、直辖市人民政府有关部门组织的建设工程技术专家委员会审定后,方可使用。

第三十条 建设工程勘察、设计单位应当在建设工程施工前,向施工单位和监理单位说明建设工程勘察、设计意图,解释建设工程勘察、设计文件。

建设工程勘察、设计单位应当及时解决施工中出现的勘察、设计问题。

第五章 监督管理

第三十一条 国务院建设行政主管部门对全国的建设工程勘察、设计活动实施统一监督管理。国务院铁路、交通、水利等有关部门按照国务院规定的职责分工,负责对全国的有关专业建设工程勘察、设计活动的监督管理。

县级以上地方人民政府建设行政主管部门对本行政区域内的建设工程勘察、设计活动实施监督管理。县级以上地方人民政府交通、水利等有关部门在各自的职责范围内,负责对本行政区域内的有关专业建设工程勘察、设计活动的监督管理。

第三十二条 建设工程勘察、设计单位在建设工程勘察、设计资质证书规定的业务范围内跨部门、跨地区承揽勘察、设计业务的,有关地方人民政府及其所属部门不得设置障碍,不得违反国家规定收取任何费用。

第三十三条 施工图设计文件审查机构应当对房屋建筑工程、市政基础设施工程施工图设计文件中涉及公共利益、公众安全、工程建设强制性标准的内容进行审查。县级以上人民政府交通运输等有关部门应当按照职责对施工图设计文件中涉及公共利益、公众安全、工程建设强制性标准的内容进行审查。

施工图设计文件未经审查批准的,不得使用。

第三十四条 任何单位和个人对建设工程勘察、设计活动中的违法行为都有权检举、控告、投诉。

第六章 罚 则

第三十五条 违反本条例第八条规定的,责令停止违法行为,处合同约定的勘察费、设计费1倍以上2倍以下的罚款,有违法所得的,予以没收;可以责令停业整顿,降低资质等级;情节严重的,吊销资质证书。

未取得资质证书承揽工程的,予以取缔,依照前款规定处以罚款;有违法所得的,予以没收。

以欺骗手段取得资质证书承揽工程的,吊销资质证书,依照本条第一款规定处以罚款;有违法所得的,予以没收。

第三十六条 违反本条例规定,未经注册,擅自以注册建设工程勘察、设计人员的名义从事建设工程勘察、设计活动的,责令停止违法行为,没收违法所得,处违法所得2倍以上5倍以下罚款;给他人造成损失的,依法承担赔偿责任。

第三十七条 违反本条例规定,建设工程勘察、设计注册执业人员和其他专业技术人员未受聘于一个建设工程勘察、设计单位或者同时受聘于两个以上建设工程勘察、设计单位,从事建设工程勘察、设计活动的,责令停止违法行为,没收违法所得,处违法所得2倍以上5倍以下的罚款;情节严重的,可以责令停止执行业务或者吊销资格证书;给他人造成损失的,依法承担赔偿责任。

第三十八条 违反本条例规定,发包方将建设工程勘察、设计业务发包给不具有相应资质等级的建设工程勘察、设计单位的,责令改正,处50万元以上100万元以下的罚款。

第三十九条 违反本条例规定,建设工程勘察、设计单位将所承揽的建设工程勘察、设计转包的,责令改正,没收违法所得,处合同约定的勘察费、设计费25%以上50%以下的罚款,可以责令停业整顿,降低资质等级;情节严重的,吊销资质证书。

第四十条 违反本条例规定,勘察、设计单位未依据项目批准文件,城乡规划及专业规划,国家规定的建设工程勘察、设计深度要求编制建设工程勘察、设计文件的,责令限期改正;逾期不改正的,处10万元以上30万元以下的罚款;造成工程质量事故或者环境污染和生态破坏的,责令停业整顿,降低资质等级;情节严重的,吊销资质证书;造成损失的,依法承担赔偿责任。

第四十一条 违反本条例规定,有下列行为之一的,依照《建设工程质量管理条例》第六十三条的规定给予处罚:

(一)勘察单位未按照工程建设强制性标准进行勘察的;

(二)设计单位未根据勘察成果文件进行工程设计的;

(三)设计单位指定建筑材料、建筑构配件的生产厂、供应商的;

(四)设计单位未按照工程建设强制性标准进行设计的。

第四十二条 本条例规定的责令停业整顿、降低资质等级和吊销资质证书、资格证书的行政处罚,由颁发资质证书、资格证书的机关决定;其他行政处罚,由建设行政主管部门或者其他有关部门依据法定职权范围决定。

依照本条例规定被吊销资质证书的,由工商行政管理部门吊销其营业执照。

第四十三条 国家机关工作人员在建设工程勘察、设计活动的监督管理工作中玩忽职守、滥用职权、徇私舞弊,构成犯罪的,依法追究刑事责任;尚不构成犯罪的,依法给予行政处分。

第七章　附　　则

第四十四条 抢险救灾及其他临时性建筑和农民自建两层以下住宅的勘察、设计活动,不适用本条例。

第四十五条 军事建设工程勘察、设计的管理,按照中央军事委员会的有关规定执行。

第四十六条 本条例自公布之日起施行。

房屋建筑工程质量保修办法

(2000年6月30日建设部令第80号发布施行)

第一条 为保护建设单位、施工单位、房屋建筑所有人和使用人的合法权益,维护公共安全和公众利益,根据《中华人民共和国建筑法》和《建设工程质量管理条例》,制订本办法。

第二条 在中华人民共和国境内新建、扩建、改建各类房屋建筑工程(包括装修工程)的质量保修,适用本办法。

第三条 本办法所称房屋建筑工程质量保修,是指对房屋建筑工程竣工验收后在保修期限内出现的质量缺陷,予以修复。

本办法所称质量缺陷,是指房屋建筑工程的质量不符合工程建设强制性标准以及合同的约定。

第四条 房屋建筑工程在保修范围和保修期限内出现质量缺陷,施工单位应当履行保修义务。

第五条 国务院建设行政主管部门负责全国房屋建筑工程质量保修的监督管理。

县级以上地方人民政府建设行政主管部门负责本行政区域内房屋建筑工程质量保修的监督管理。

第六条 建设单位和施工单位应当在工程质量保修书中约定保修范围、保修期限和保修责任等,双方约定的保修范围、保修期限必须符合国家有关规定。

第七条 在正常使用条件下,房屋建筑工程的最低保修期限为:

(一)地基基础工程和主体结构工程,为设计文件规定的该工程的合理使用年限;

(二)屋面防水工程、有防水要求的卫生间、房间和外墙面的防渗漏,为

5 年；

（三）供热与供冷系统，为 2 个采暖期、供冷期；

（四）电气管线、给排水管道、设备安装为 2 年；

（五）装修工程为 2 年。

其他项目的保修期限由建设单位和施工单位约定。

第八条 房屋建筑工程保修期从工程竣工验收合格之日起计算。

第九条 房屋建筑工程在保修期限内出现质量缺陷，建设单位或者房屋建筑所有人应当向施工单位发出保修通知。

施工单位接到保修通知后，应当到现场核查情况，在保修书约定的时间内予以保修。发生涉及结构安全或者严重影响使用功能的紧急抢修事故，施工单位接到保修通知后，应当立即到达现场抢修。

第十条 发生涉及结构安全的质量缺陷，建设单位或者房屋建筑所有人应当立即向当地建设行政主管部门报告，采取安全防范措施；由原设计单位或者具有相应资质等级的设计单位提出保修方案，施工单位实施保修，原工程质量监督机构负责监督。

第十一条 保修完成后，由建设单位或者房屋建筑所有人组织验收。涉及结构安全的，应当报当地建设行政主管部门备案。

第十二条 施工单位不按工程质量保修书约定保修的，建设单位可以另行委托其他单位保修，由原施工单位承担相应责任。

第十三条 保修费用由质量缺陷的责任方承担。

第十四条 在保修期限内，因房屋建筑工程质量缺陷造成房屋所有人、使用人或者第三方人身、财产损害的，房屋所有人、使用人或者第三方可以向建设单位提出赔偿要求。建设单位向造成房屋建筑工程质量缺陷的责任方追偿。

第十五条 因保修不及时造成新的人身、财产损害，由造成拖延的责任方承担赔偿责任。

第十六条 房地产开发企业售出的商品房保修，还应当执行《城市房地产开发经营管理条例》和其他有关规定。

第十七条 下列情况不属于本办法规定的保修范围：

（一）因使用不当或者第三方造成的质量缺陷；

（二）不可抗力造成的质量缺陷。

第十八条 施工单位有下列行为之一的,由建设行政主管部门责令改正,并处 1 万元以上 3 万元以下的罚款。

(一)工程竣工验收后,不向建设单位出具质量保修书的;

(二)质量保修的内容、期限违反本办法规定的。

第十九条 施工单位不履行保修义务或者拖延履行保修义务的,由建设行政主管部门责令改正,处 10 万元以上 20 万元以下的罚款。

第二十条 军事建设工程的管理,按照中央军事委员会的有关规定执行。

第二十一条 本办法由国务院建设行政主管部门负责解释。

第二十二条 本办法自发布之日起施行。

六、环 境 保 护

建设项目环境保护管理条例

(1998 年 11 月 29 日国务院令第 253 号发布 根据 2017 年 7 月 16 日国务院令第 682 号《关于修改〈建设项目环境保护管理条例〉的决定》修订)

第一章 总 则

第一条 为了防止建设项目产生新的污染、破坏生态环境,制定本条例。

第二条 在中华人民共和国领域和中华人民共和国管辖的其他海域内建设对环境有影响的建设项目,适用本条例。

第三条 建设产生污染的建设项目,必须遵守污染物排放的国家标准和地方标准;在实施重点污染物排放总量控制的区域内,还必须符合重点污染物排放总量控制的要求。

第四条 工业建设项目应当采用能耗物耗小、污染物产生量少的清洁生产工艺,合理利用自然资源,防止环境污染和生态破坏。

第五条 改建、扩建项目和技术改造项目必须采取措施,治理与该项目有关的原有环境污染和生态破坏。

第二章 环境影响评价

第六条 国家实行建设项目环境影响评价制度。

第七条 国家根据建设项目对环境的影响程度,按照下列规定对建设项目的环境保护实行分类管理:

(一)建设项目对环境可能造成重大影响的,应当编制环境影响报告书,对建设项目产生的污染和对环境的影响进行全面、详细的评价;

(二)建设项目对环境可能造成轻度影响的,应当编制环境影响报告表,对建设项目产生的污染和对环境的影响进行分析或者专项评价;

(三)建设项目对环境影响很小,不需要进行环境影响评价的,应当填报环境影响登记表。

建设项目环境影响评价分类管理名录,由国务院环境保护行政主管部门在组织专家进行论证和征求有关部门、行业协会、企事业单位、公众等意见的基础上制定并公布。

第八条 建设项目环境影响报告书,应当包括下列内容:

(一)建设项目概况;

(二)建设项目周围环境现状;

(三)建设项目对环境可能造成影响的分析和预测;

(四)环境保护措施及其经济、技术论证;

(五)环境影响经济损益分析;

(六)对建设项目实施环境监测的建议;

(七)环境影响评价结论。

建设项目环境影响报告表、环境影响登记表的内容和格式,由国务院环境保护行政主管部门规定。

第九条 依法应当编制环境影响报告书、环境影响报告表的建设项目，建设单位应当在开工建设前将环境影响报告书、环境影响报告表报有审批权的环境保护行政主管部门审批；建设项目的环境影响评价文件未依法经审批部门审查或者审查后未予批准的，建设单位不得开工建设。

环境保护行政主管部门审批环境影响报告书、环境影响报告表，应当重点审查建设项目的环境可行性、环境影响分析预测评估的可靠性、环境保护措施的有效性、环境影响评价结论的科学性等，并分别自收到环境影响报告书之日起 60 日内、收到环境影响报告表之日起 30 日内，作出审批决定并书面通知建设单位。

环境保护行政主管部门可以组织技术机构对建设项目环境影响报告书、环境影响报告表进行技术评估，并承担相应费用；技术机构应当对其提出的技术评估意见负责，不得向建设单位、从事环境影响评价工作的单位收取任何费用。

依法应当填报环境影响登记表的建设项目，建设单位应当按照国务院环境保护行政主管部门的规定将环境影响登记表报建设项目所在地县级环境保护行政主管部门备案。

环境保护行政主管部门应当开展环境影响评价文件网上审批、备案和信息公开。

第十条 国务院环境保护行政主管部门负责审批下列建设项目环境影响报告书、环境影响报告表：

（一）核设施、绝密工程等特殊性质的建设项目；

（二）跨省、自治区、直辖市行政区域的建设项目；

（三）国务院审批的或者国务院授权有关部门审批的建设项目。

前款规定以外的建设项目环境影响报告书、环境影响报告表的审批权限，由省、自治区、直辖市人民政府规定。

建设项目造成跨行政区域环境影响，有关环境保护行政主管部门对环境影响评价结论有争议的，其环境影响报告书或者环境影响报告表由共同上一级环境保护行政主管部门审批。

第十一条 建设项目有下列情形之一的，环境保护行政主管部门应当对环境影响报告书、环境影响报告表作出不予批准的决定：

（一）建设项目类型及其选址、布局、规模等不符合环境保护法律法规和相关法定规划；

（二）所在区域环境质量未达到国家或者地方环境质量标准，且建设项目拟采取的措施不能满足区域环境质量改善目标管理要求；

（三）建设项目采取的污染防治措施无法确保污染物排放达到国家和地方排放标准，或者未采取必要措施预防和控制生态破坏；

（四）改建、扩建和技术改造项目，未针对项目原有环境污染和生态破坏提出有效防治措施；

（五）建设项目的环境影响报告书、环境影响报告表的基础资料数据明显不实，内容存在重大缺陷、遗漏，或者环境影响评价结论不明确、不合理。

第十二条 建设项目环境影响报告书、环境影响报告表经批准后，建设项目的性质、规模、地点、采用的生产工艺或者防治污染、防止生态破坏的措施发生重大变动的，建设单位应当重新报批建设项目环境影响报告书、环境影响报告表。

建设项目环境影响报告书、环境影响报告表自批准之日起满5年，建设项目方开工建设的，其环境影响报告书、环境影响报告表应当报原审批部门重新审核。原审批部门应当自收到建设项目环境影响报告书、环境影响报告表之日起10日内，将审核意见书面通知建设单位；逾期未通知的，视为审核同意。

审核、审批建设项目环境影响报告书、环境影响报告表及备案环境影响登记表，不得收取任何费用。

第十三条 建设单位可以采取公开招标的方式，选择从事环境影响评价工作的单位，对建设项目进行环境影响评价。

任何行政机关不得为建设单位指定从事环境影响评价工作的单位，进行环境影响评价。

第十四条 建设单位编制环境影响报告书，应当依照有关法律规定，征求建设项目所在地有关单位和居民的意见。

第三章 环境保护设施建设

第十五条 建设项目需要配套建设的环境保护设施，必须与主体工程同时设计、同时施工、同时投产使用。

第十六条 建设项目的初步设计，应当按照环境保护设计规范的要求，编制环境保护篇章,落实防治环境污染和生态破坏的措施以及环境保护设施投资概算。

建设单位应当将环境保护设施建设纳入施工合同,保证环境保护设施建设进度和资金,并在项目建设过程中同时组织实施环境影响报告书、环境影响报告表及其审批部门审批决定中提出的环境保护对策措施。

第十七条 编制环境影响报告书、环境影响报告表的建设项目竣工后,建设单位应当按照国务院环境保护行政主管部门规定的标准和程序,对配套建设的环境保护设施进行验收,编制验收报告。

建设单位在环境保护设施验收过程中,应当如实查验、监测、记载建设项目环境保护设施的建设和调试情况,不得弄虚作假。

除按照国家规定需要保密的情形外,建设单位应当依法向社会公开验收报告。

第十八条 分期建设、分期投入生产或者使用的建设项目,其相应的环境保护设施应当分期验收。

第十九条 编制环境影响报告书、环境影响报告表的建设项目,其配套建设的环境保护设施经验收合格,方可投入生产或者使用;未经验收或者验收不合格的,不得投入生产或者使用。

前款规定的建设项目投入生产或者使用后,应当按照国务院环境保护行政主管部门的规定开展环境影响后评价。

第二十条 环境保护行政主管部门应当对建设项目环境保护设施设计、施工、验收、投入生产或者使用情况,以及有关环境影响评价文件确定的其他环境保护措施的落实情况,进行监督检查。

环境保护行政主管部门应当将建设项目有关环境违法信息记入社会诚信档案,及时向社会公开违法者名单。

第四章 法 律 责 任

第二十一条 建设单位有下列行为之一的,依照《中华人民共和国环境影响评价法》的规定处罚:

(一)建设项目环境影响报告书、环境影响报告表未依法报批或者报请重新审核,擅自开工建设;

(二)建设项目环境影响报告书、环境影响报告表未经批准或者重新审核同意,擅自开工建设;

(三)建设项目环境影响登记表未依法备案。

第二十二条 违反本条例规定,建设单位编制建设项目初步设计未落实防治环境污染和生态破坏的措施以及环境保护设施投资概算,未将环境保护设施建设纳入施工合同,或者未依法开展环境影响后评价的,由建设项目所在地县级以上环境保护行政主管部门责令限期改正,处5万元以上20万元以下的罚款;逾期不改正的,处20万元以上100万元以下的罚款。

违反本条例规定,建设单位在项目建设过程中未同时组织实施环境影响报告书、环境影响报告表及其审批部门审批决定中提出的环境保护对策措施的,由建设项目所在地县级以上环境保护行政主管部门责令限期改正,处20万元以上100万元以下的罚款;逾期不改正的,责令停止建设。

第二十三条 违反本条例规定,需要配套建设的环境保护设施未建成、未经验收或者验收不合格,建设项目即投入生产或者使用,或者在环境保护设施验收中弄虚作假的,由县级以上环境保护行政主管部门责令限期改正,处20万元以上100万元以下的罚款;逾期不改正的,处100万元以上200万元以下的罚款;对直接负责的主管人员和其他责任人员,处5万元以上20万元以下的罚款;造成重大环境污染或者生态破坏的,责令停止生产或者使用,或者报经有批准权的人民政府批准,责令关闭。

违反本条例规定,建设单位未依法向社会公开环境保护设施验收报告的,由县级以上环境保护行政主管部门责令公开,处5万元以上20万元以下的罚款,并予以公告。

第二十四条 违反本条例规定,技术机构向建设单位、从事环境影响评价工作的单位收取费用的,由县级以上环境保护行政主管部门责令退还所收费用,处所收费用1倍以上3倍以下的罚款。

第二十五条 从事建设项目环境影响评价工作的单位,在环境影响评价工作中弄虚作假的,由县级以上环境保护行政主管部门处所收费用1倍以上3倍以下的罚款。

第二十六条 环境保护行政主管部门的工作人员徇私舞弊、滥用职权、玩忽职守,构成犯罪的,依法追究刑事责任;尚不构成犯罪的,依法给予行政处分。

第五章 附 则

第二十七条 流域开发、开发区建设、城市新区建设和旧区改建等区域性开发,编制建设规划时,应当进行环境影响评价。具体办法由国务院环境保护行政主管部门会同国务院有关部门另行规定。

第二十八条 海洋工程建设项目的环境保护管理,按照国务院关于海洋工程环境保护管理的规定执行。

第二十九条 军事设施建设项目的环境保护管理,按照中央军事委员会的有关规定执行。

第三十条 本条例自发布之日起施行。